悩む心に寄り添う

自己否定感と自己肯定感

Takagaki Chuichiro
高垣忠一郎

新日本出版社

目次

はじめに

私は心理カウンセラーとして長年、たくさんのクライエントと向き合ってきた。とくに、「不登校」の子ども、「ひきこもり」の若者、その親のカウンセリングを多く行ってきた。

心理療法としての心理カウンセリングの目的は、クライエントに「癒《いや》し」を提供することにある。癒し（ヒーリング healing）という言葉はホールネス（wholeness）を語源にしており、心身（生命）の全体性（丸ごと）を回復することを意味する。部分化した存在に調和のとれた全体性を取り戻すことだ。

私たちは、調和のとれた「あるがまま」の自分、丸ごとの自分と共に生きているか？　それを置き去りにしていないか？　今、そのことが問われているように思う。

たとえば、「不登校」の子どものことを考えてみよう。一般的にいえば、学校に行っておいた方が、生活上も、将来のことを考えても無難だから子ども自身も学校に行こうとする。学校に行くのがつらいと感じる子どももいるが、登校すれば、親や先生に叱られたりしないから、最初はなんとか学校に行こうとするだろう。

しかし、そういう子の心が拒否反応を起こしたり、それが身体化されて熱を出したり腹痛や頭痛を起こすなどして、登校を拒否するようになる場合がある。「丸ごとの自分」が分裂し葛藤《かっとう》状態になり、本人にとってとても苦しい状態だ。こうして「不登校」が生じるのだが、「不登校」という言葉はその外形的な様子を表しているだけであるから私はあまり使わない。

当事者の内面を考えると、頭は「行かねばならない」と考え登校しようとするが、心身は拒否して登校できないという状態にある。だから、「登校拒否」という言葉を使うべきだと私は考える。加えていえば、「登校拒否」という言葉には「なぜ」「何が」拒否されているのかを問う力があり、そのことを考えさせるインパクトがある。私は、子どもたちは、登校拒否することで、そのことを頭で自覚していようが、していまいが、彼らの心身（生命）が自分たちの生きづらさ、しんどさを訴え表現しているのだと考えている。

登校拒否にはどんな人格形成上の意味が？

私は、自己を育て、自己をつくりかえ、新たな自己を生み出す子どもの人格形成の苦しみを「登校拒否」の子どもの中に見てきた。思春期の子どもの「登校拒否」に向き合う時には、思春期が「第二の誕生の時」といわれることの意味が、とてもリアルに具体性を帯びて受けとめられた。彼らと向き合う心理カウンセラーとしての私の仕事は、その「新しい誕生」を手助けする助産師のような仕事だと感じてきた。

だから、現在の学校での「学力」や「規律」がどのような自己を生み育て、人格を育てる営みと結びつくことになるのか、つねに疑問を持ってきた。全国学力テストの平均点をあげることを目的にしたかのような「勉強」「学習」「規律」が自己を育てる人格形成を妨害していないか、学習に取り組む動機、めあて、情意面がきわめて他律的にねじ曲げられ、強いられていることが、どんな人格の形成と結びつくのか危惧《きぐ》してきた。

それらが人生の主人公・主体となるにふさわしい人格形成につながるとはとても考えられなかった。人格という概念には、人間を種々の部分的・要素的な機能・特性に分解してバラバラにとらえるのではなく、それが一つにまとまったまるごとの「全一体」として人間をとらえようとする意図が込められている。

心理学的には、人格を、知覚や思考・感情といった要素的な機能や、いくつかの特性に分解することはできる。しかし人格はそれらの単なる集合体ではない。人格は人間をある活動や行為へと動機づける「感情的過程」と、その活動や行為がうまく遂行されるように調整する「認識的過程」とが結びつき、一つの「社会的生き方」を実現する主体へと統一されたものであると理解してきた。

そして、「人格＝生き方」の形成の軸となるのは、まず生きるための「動機―めあて」の形成でなければならない。ある「能力・資質・行動様式」を形成する場合にも、つねに「動機―めあて」の形成とむすびつけて両者を統一的にとらえなければならない。そうでないと一定の「能力・資質・行動様式」を形成したとしても、それがどのような人格（生き方）を形成したのかわからないことになると考えてきた。

このような枠組みで子どもの人格形成をとらえた場合、今日の学校教育は、子どもにどんな生きるための「動機―めあて」とどんな「能力・特性・行動様式」の統一的な形成を指導・援助しているのだろうか？　今のテスト漬けの競争と管理の学力形成は、いったいどんな「動機―めあて」を形成し、どんな「能力・特性・行動様式」を形成し、どんな人格を形成しているのだろうか？

「登校拒否」問題はそのことを問うているし、教育における人間形成の問題も、憲法と教育基本法に掲げられた「平和な国家や社会の形成者としての人格の完成をめざす」という目的に照らして、その質と内容を検討しなければならないはずだが、教育行政に携わる人々や一般市民の人々の中にもそういう問題意識がしっかりとあるようには見えない。

生きものの「意見表明」

子どもの権利条約の有名な条文の一つに、子どもの「意見表明権」（第一二条）があるが、登校拒否はこの意見表明権の行使にほかならないと私は考えている。日本語で「意見」といえば言語化された意見だけをイメージするかもしれないが、それでは理解が狭くなる。「意見」と翻訳されているのは、元の英文の条文では views である。この言葉は、その子の心に、周りの世界がどのように見え、その子が内心何を思っているのかという意味まで含んでいる。

子どもの中には、登校拒否の子どものように「何か変だ」と漠然とした違和感として表現したり、非言語的な行動やイメージ、ときには「症状」などを通して表現したりすることも少なくない。そういうことにまで広げて「意見表明」の意味をとらえる必要がある。

登校拒否する子どもは、しばしば、「学校では自分でいられない」という言葉によってその違和感を表現する。それは「すべて国民は、個人として尊重される」とした憲法一三条の理念が学校で実現されていない違和感を表現していると、私は理解している。

本文で述べるが、今の学校で子どもが自分らしくふるまうことができない背景には、学校が人材育成の場になっているという事情がある。客観的に見て、学校が「人格」ではなく「人材」予備軍として子どもを扱っている状況にあることが、さまざまな形で子どもの生活に影響し、「個人」として目覚めかけた子どもは、このような学校では「自分が自分であることができない」という違和感を持つ――私にはそのように見えるし、それは当然のことだとも思う。

学校を「人材」育成機関としたいと考え、そのように仕向けているのは政府や財界だが、そういう人々は、「登校拒否」という言葉の発する問いかけを無臭化する「不登校」という言葉を採用して、「拒否」という動機を伴う言葉を使用せずにきた。そして、これまで政策側から「不登校ゼロ作戦」「不登校半減計画」などという言葉が発せられてきた。

こうした「作戦」や「計画」は、登校拒否の子ども一人ひとりを、全体としての数でとらえ、「科学的」に操作して学校に行かせようとする。人は人工物ではない生きものである。生きものは、クルマのような人工物とは違い、自己再生能力を発揮して、自分で自分を治していくものだ。「作戦」や「計画」などの対策は、考え方をあらためないと学校を拒否する子どもを減らすことはできないだろう。

「人格」を持った個人は、主体として自発的な動機やもくろみをもって行動しようとする。「人材」育成の場と化した学校は、そのような、子どもの主体としての当然の要求に応えられなくなっている。そんな学校を、子どもは「拒否」しているのだと私は解釈している。

人工物ではなく生きものである子どもの言動には意味がある。「なぜ、彼がそうするのか？」その意味を聴きとることが大切だ。調子の悪くなったクルマがトラブルを起こすのと、子どもが登校拒否をすることとは全く質の異なる現象である。登校拒否の子どもを、調子の悪くなったクルマのように扱い修理することはできない。

環境の問題と内面の問題と

登校拒否の子どもやひきこもりの若者たちは学校や社会、人間関係への不安感情が大きいという特徴がある。彼・彼女らは、自尊感情が傷つけられることや他者に受け容れられないことへの不安が大きく、学校や社会に出ていくことに臆病になっている。そのような心理状態はどこからくるのか。どういう問題が潜んでいるのか。

今日の競争的な学校環境や非人間的な労働環境が不安や怖れをもたらしている一面があることは無視できない。登校拒否の子どもやひきこもる人に対し、「甘えている」「働く意欲がないのは本人に問題がある」と批判する前に、そのような環境がまず問題にされなければならない。

と同時に、彼らの不安や怖れが、そうした環境を機械的に反映した主観的反応だと理解するだけでは十分ではない面もあると思われる。外的な環境は、光がレンズによって屈折するように、内的条件によって媒介され、屈折させられて反映される。ゆえに、内的条件の形成や調整に関わる教育や心理臨床の立場から問題を見れば、不安や恐怖を生み出す子どもや若者自身の内面のありよう、その価値観やものの見方、考え方がどうなっており、それがどのように生まれるのかという問題も一方で問われなければならない。その点を教育論、発達論、心理臨床の立場から考えて問題提起することが必要なのである。

たとえば、発達障害を抱えていてその障害特性から作業効率が悪かったり、人間関係をつくることに困難があったりして、今日の余裕のない学校や職場に適応するのが困難になっているというような場合があるだろう。あるいは、虐待やいじめを受けて育ったためにトラウマを抱え、きわめて自己評価が低く、対人関係に不安や恐怖を抱き、学校や職場、社会に出ていくことに臆病になっているケースもあるだろう。また、競争原理に支配された、脅されるような教育によって独特の内面を形成し、自尊感情が傷つきやすくなっている若者もいるだろう。

たとえばそのように、子どもや若者たちの主体の側が抱える問題を視野に入れて検討されなければならない問題がたくさんある。私がこの本で重視して取り上げたいのは、主に登校拒否・社会的ひきこもり問題に関わる心理臨床実践から見えてきた、今日の子どもや若者たちの人間としての尊厳に関わる問題、その内面のありようについてである。

登校拒否もひきこもりも、ケースは人によって様々で、安易な一般化は避けるべきだが、同時に、個別に特殊な諸問題を抱える子どもや若者たちに通底する問題もあると考えている。その問題を切り口にして、今日の子どもや若者たちの生きづらさの根っこにあるものを浮き彫りにしたいと思う。

脅威の世界を生きる人々

私を含め、心理カウンセリングや心理臨床に関わる人間が、いつも「格闘」するのが、自分とは異なるリアリティの世界(体験世界)に生きる人間を理解することの困難さである。自分が当たり前に生きている世界が相手にとっては当たり前ではないからだ。

「なぜこの人は何でもないように見えることを、それほどに恐れるのか?」「なぜ、些細《ささい》なことに見えるのに、パニックのような反応を示すのだろう?」――こうしたことを理解しようとして相手の生きている状況や生い立ちを探り、どのように相手のリアリティの世界が構成されているのだろうかと模索する。

その仕事は、暗い深い森を手探りで進むようなものだ。しかし、そういう作業を抜きに、彼・彼女らの行動や反応を十全に理解することはできない。私が、四〇年以上にわたる心理臨床実践の中で出会ってきた人々の中には、そのような、すぐには理解しがたい反応や感じ方をする人々が少なくなかった。「理解しがたい」といっても、幻聴や妄想、解離現象などの際立った病理現象を指しているわけではない。たとえば、ある若い女性は次のように自分の体験世界を語った。

「暗がりで後ろから足音が聞こえてくると自分に危害が加えられるのではないかと命の危険を感じて脅える。あの心理状態に近いのが日常の私の心理状態でないか」

「私は人に合わせることしかできない。人に合わせなくても受け容れてもらえることがあるというのは私にとっては推測でしかなく、私の体験している世界は、合わせないと拒否されて自分がなくなるという恐怖の世界だ」

「なぜそういうふうに感じるのですかと問われると、すぐに攻撃されているようで不安になる。何か批判されると自分が全部否定されているように感じてしまう」

カウンセリングに訪れ、私と向き合う人々の中には、この女性のような感じ方をしながら「安心できない脅威の世界」を生きている人々が少なくない。登校拒否する子どもや社会的ひきこもりの若者の中にも、似たような感じ方をし、似たような世界に生きている人々がいるように思った。

心理カウンセラーとして多くのそういう声を聴き、その人たちの表現の中に聴きとれる「その感じ」を考えると、私なりの言葉で表現すれば「自分が自分であって大丈夫」という信頼と安心の感覚の希薄さを強く印象づけられた。そして、その信頼と安心の「感覚」を「自己肯定感」と名づけ提唱するようになったのである。

私の限られた心理臨床実践の世界からではあるが、この自己肯定感という概念を切り口にして、今の子どもや若者たちの問題を見る時に、その問題の本質と子どもや若者たちの置かれた状況がよく見えてくるように思っている。大学のカウンセリング論や心理臨床論の授業の中で、こうした感じ方や体験世界の話をすると、わがことのようにそれを受け止める学生諸君も少なくなかった。

「自己肯定感」という言葉の意味

本書で言いたい大事なことの一つに、自己肯定感という言葉の意味に気をつけてほしいということがある。人間の自己肯定感は、存在丸ごとの自己肯定感――自分が「あるがままの自分であって大丈夫」という感覚――でなければならない。そうではなく、人間の、ある部分的な能力や特性の評価に基づいて自分を肯定する自己肯定感は、いわば、「人材＝誰かの道具」としての「自己肯定感」に変質してしまう。

つまり人の期待にこたえ、何かのために役に立つか、立たないかの「効用」によってその存在を肯定したり否定したりするのであるなら、それは「人材」とか「道具」として条件付きで評価されているにすぎないということだ。誰にも得意・不得意があり、できることもあれば、できないこともある。得意なところ、できることだけで人間ができあがっているわけではない。

ある人の個性は、部分的な特性や能力を指すのではない。本来、個性とは、できるところ、できないところ、得意、不得意も全部含めた、その人の存在丸ごとの持つ「持ち味」のことである。（因みに「持ち味」とは、国語辞典によれば、①もとから備わっている味　②他のものからは得られない、

そのモノ（人）独自のよさのこととある）

その人が、人材として役に立つために身につけた、ある部分的な特性や能力を評価して肯定する「自己肯定感」は、その人の「できるところ」「使えるところ」を認めてやり、時には褒めてやって「高める」ものであって、その人の使用者にとっての都合のよい「自己肯定感」にもなるものだ。

「自分だってこんなふうに役に立ち、『使える人材』として認めてもらえる。褒めてもらえるのだぞ！」という「自己肯定感」が、何のために必要であり、どういう価値をもつ自己肯定感なのか？──そのことが問われるべきだろう。また、そのような「自己肯定感」という言葉が、世の中に拡がっている意味を考えなければならないだろう。

それが一人ひとりの個人（individual）の存在価値を認める自己肯定感になるだろうか。「どんなに『ダメなやつ』でも『使える』ところ、いいところがある。それを見つけ評価し褒めてやり、使ってやれ」という功利主義が入り込む余地がそこにあるのではないだろうか。

こうした「自己肯定感」は、人間を部分的な特性や能力によって選別・差別したうえで、それぞれの使い方を割り振るという狙いのうえに乗った「自己肯定感」になりかねないと、私は思う。何より、こうした「自己肯定感」は、役に立つところがなくなることで、「自己否定感」に容易にひっくり返ってしまうのではないだろうか。

人間は誰かに管理され、使われるために生まれてきたわけではない。みんな、宇宙という「いのち」から、小宇宙として「いのち」を分けられ、ＤＮＡに象徴される唯一無二の独自性を刻まれた個性を持つ「分けいのち」として生まれ、生きている。それが「自分」というものである。そういう自分に向かって「自分が自分であって大丈夫」と宣言するのが、私の提唱する自己肯定感だ。

その自己肯定感は、いわば「宇宙内存在」として自分を生きるための自己肯定感であり、他人に管理され、使われて「役に立ってなんぼ」という、「社会内存在」（つまり「人材」ということだが）になるための「自己肯定感」ではない。

本来、自分は、自分がこうだと思い込んでいる自分よりも遥かに大きい潜在的な可能性を秘めている。それは、その人の唯一無二の個性（持ち味）によってしか実現できない可能性である。その可能性を実現するために生きるのが、人間として生まれてきた目的であり、意味であると私は考えている。

人生が、難問だらけの道のように見えることは、たしかにある。しかし、それらから――たとえば登校拒否やひきこもりもそうだが――逃げずに向き合い、焦らずに自分の道を探ることを通じて、私たちは人間的に成長できることも、またたしかである。そういう問題に向き合ってきた者として、そのことははっきりといえる。

自分独自の持ち味を発揮できるとき、その人は、いちばん生き生きとし、自分を愛し、他人を愛することができると私は確信している。そういう人生を通して、お互いに支え、支えられて協力して平和で楽しく生きやすい社会をつくっていけばよい。そんな基本的な考えをもとに、私はこの本を書きたいと思っている。

第1章　生きづらい時代の親子、家族

1　私たちの生き方はどうなっているのか？

私が大学で担当していたゼミ（「現代社会と心の問題」がテーマ）で、拙著『生きることと自己肯定感』（新日本出版社、二〇〇四年）を読んだ感想をゼミ生に書いてもらったことがある。この本は、私がカウンセリングをする中で、子どもたちの問題行動やいらだちの背後に、自己肯定感の欠如があると感じてきた、その問題意識を解き明かしたものだ。

学生たちには、自分たち自身の子ども時代をふりかえり、それにひきつけて本の内容を考えてもらった。学生たちの感想には、二〇〇〇年代以降の若い人たちの「生き方」を考える多くのヒントが込められていた。この章では、それを紹介しながら、今日の時代を「生きる」ありようと、そこにある困難にどう向き合うのかを考えてみたい。

子どもの未来を心配する親心

「私は親の愛情とは子どもの未来を考えてやることではなく、今のあるがままの姿を受け容れてあげることだと考えます……子どもの話を聞き、子どもを理解し、子どもと遊び、一緒にいてあげること。そんなありふれた日常の行為に本当の愛が隠されていると思っています。子どものそばに居てあげることが子どもの心に安心、自由、自信といった球根を植え付けてあげられることだと思います」（男子学生）

この学生は親の愛情とは、子どもの未来を考えてやることではなく、今の「あるがまま」の姿を受け容れ、子どもと過ごす時間を大事にすることこそ親の愛情ではないかと書いている。なぜ、親は子どもの未来を考え、心配するのか？　それも親の愛情の表れなのではないか？　子どもがどうなろうとよいと思っていれば、子どもの未来のことなど心配しないだろう。

また子どもの未来が心配だからこそ、今の子どもの姿を「あるがまま」に受け容れることができないということも、また親の偽らざる心理ではないかと思われる。親は、自分の考えで、子どもが安心できる未来に向けて、先回りをしてレールを敷いてやりその上を走らせようとする。

そのために、そのレールからはみ出す子どもに干渉してレールの上に戻そうともする。それもまた親の紛れもない愛情の表れだろう。いったい、親は子どもとどう向き合うのがいいのだろうか？　私は、こうした問題に正しく答えるために必要なことは、「人生とはいったい何か？　生きるということはどういうことなのか？」という視点ではないかと思う。

私たちは今、科学・技術がとても発達した文明の時代に生きている。先人たちが営々と築いてきた科学の知識や技術の恩恵のうえに乗って、昔に比べれば遥かに快適で便利な生活ができている。

その科学の知識や技術は、これまでの到達点のうえにさらに知識や技術の発展を切り開いていくことができるだろう。

つまり先人の到達した地点から出発して、さらに進歩することができるのだ。しかし、一人ひとりの人生は、こういう科学の知識や技術の発展と同じようにはいかない。おじいちゃん、おばあちゃん、お父さん、お母さんがそれぞれの人生を生きる中から獲得した経験知、到達した生きることの知恵を土台にして、そこから出発するというわけにはいかないのだ。

もちろん、親やその親の教えを学び、内面化して生きていくということは、ありうることである。しかし、親などの教えの通りに生きない人、正反対の生き方をする人もたくさんいる。個人の人生は白紙のような状態から本人がつくっていくものと考えることができるが、そうであるがために、先行する親族の精神的・文化的な遺産をそのまま受け継ぎ生きていくということには、かならずしもならないのだ。

さらにいえば、社会が到達した知識や技術と個人の人生の関係も、単純ではないといえる。人生の価値や意味や生きることの醍醐味《だいごみ》が、「どれだけ快適で便利な生活ができるか」によって測られるのならば、科学的知識や技術の発展を生活に反映させることができればできるほど、人間の人生の価値が高まり、人生の醍醐味を味わえるということになるかもしれない。

そのために、より高度の教育を受け、科学・技術や知識の最先端を学び、生活の快適さや便利さを享受することが、とても価値あることになるだろう。人生の価値は、科学的知識と技術の粋を集めた便利な機械や装置に取り巻かれて暮らすことにあると、思っている人たちも多いかもしれない。しかし、本当にそうだろうか？　生きることの価値は、快適で便利な生活をすることにあるのだろうか？

今日の科学的知識や技術の到達点をすべてわがものにしている人はいないだろう。さまざまな分野の知識や技術の到達点をすべて網羅して知悉《ちしつ》している人はいない。万が一、仮にそういう人がいるとすれば、その人の頭脳は人類の知識の最高峰にあるのかもしれないが、そういう人こそが、生きることの価値を最高に実現する人なのだろうか？

人類の頭脳（知識、技術）は現在、歴史上のどの時点よりも進化し、最先端にあるといえるだろう。今後も、それを土台にしてさらに進化することができるだろう。しかし、いまだに世界に争いが絶えず、飢えや貧困、病気が絶えないのはなぜだろうか？　科学の知識や技術の発展がまだまだ未熟であり、もっともっと進化すれば、争いも飢えも貧困も病気もなくなるのだろうか？　その問いに私は容易に答えることはできない。

ただ、私に言えることは、生きることの価値や意味と、生活や暮らしの快適さ、便利さとは同じことではなさそうだということだ。生活や暮らしは科学の知識や技術の進化、発展とともに変化し、発展していくだろう。しかしそれが、イコール生きるということの価値や意味ではないように思う。

個々の人生の意味に既成のこたえはない

生活のありよう・暮らしのありようは、その時代や社会で生きる人間の、いわば舞台のようなものだというイメージが私にはある。新幹線に乗って通勤する、飛行機に乗って外国に行商に行く。そういうふうに生活様式は変化し、行動パターンは変化している。

しかし、それによって生きることの価値や意味をめぐる問いが変化したようには思えない。相も変わらず、生きることの苦しみや悩みは続いているし、老いや病気や死の苦しみや恐れから人間は解放されてはいないのだ。

生老病死の苦しみを抱えながら、一人ひとりが生きることにどういう意味や価値を見いだしているのか？　見いだしていくのか？――それは一人ひとりの個人に突きつけられた問いであり、既成のこたえがあるわけではない。そこが科学の知識や技術の発展と違うところだ。宗教は一定の答えを用意しているが、それを採用するかどうかも、一人ひとりの自由に任されている。

つまり、人生の意味や価値に関しては、科学の知識や技術の発展が答えをもたらしてくれるわけではなく、また先人の知恵が答えをもたらしているわけではなく、一人ひとりが、生まれた時から、自分の経験に基づいて探りあてていくしかないのである。そういう意味で、個人の人生の意味や価値については、すべて「ご破算に願いましては」と、ゼロから始めざるを得ない。

このことから、親が子どもを愛しているがゆえに子どもの将来を心配するということに関しても、別の光を当ててみることができる。端的にいって、生きることの意味や価値に関しては、親は子どもの先回りをすることはできないということだ。それは、生活の知恵、科学的知識や技術を子どもに教えることとは違うのだ。子どもが一人ひとり、自前の意味や価値を見つけ出していくしかないのだ。

人間一人ひとりが、自分の生きることの自前の意味や価値を見つけ出していくのを見守り、手伝うという発想が、親に欠けている場合が少なくないのではないか。子どもたちの声を聴いていると、そういう意味での配慮と愛の欠如を感じることがしばしばある。

子どもを手伝うといっても、この場合は、親が代わりに子どもに生きる意味を与えてやるということではない。子どもや若者が、これから生きる社会という舞台で、生きる意味や価値を求めて試行錯誤したり、悩んだり、考えたりすることのじゃまをしないのが、何よりの手伝いである。

要するに、子どもの先々を心配する愛情が「じゃま」になる場合があることは否めないのだ。この点に関して、ある女子学生がこんな感想を書いていた。

「私の母親は世間一般でいう『教育ママ』です。母は『あれは危ないから、してはいけない』など私をよく規制していました。小学校の頃には習字、ピアノ、スイミング、英会話、学習塾と毎日のように習い事に通っていました。学校が終わり友達から『きょう一緒に遊ぼう』と誘われても、習い事があるために何度も断った経験がありました。周りの友達が自由でうらやましいな、なんで自分だけこんな思いをしなければいけないのかと思ったことも何度かありました」

母親は、「娘のため」を思って習い事をさせたのかもしれないが、本人にとっては、それは自分の生活への干渉のようなものだったといえるだろう。このように親から干渉された子どもが、直ちに不幸であると断定することはできない。「周りの友達が自由でうらやましい」「なんで自分だけこんな思いをしなければならないのか」と思い悩む経験をしたこと自体が、即、不幸であるというわけではないのだ。

そういう経験をしたことが、彼女の人生、生きることにどういう意味や価値を持つかは、三六〇度の可能性をもって開かれている。たとえば、この学生は、大学で私のゼミに所属したことで、子ども時代を振り返り、その意味を考えることを通して、自分の育ち方を対象化し、その意味を再構築した。その作業は彼女の生き方に積極的な影響をもたらしたとも思われる。子ども時代の経験はその貴重な素材になったわけだ。

小学校五年生の登校拒否の女の子を持つお母さんから、カウンセリングの場で、「娘から『親心は下心や』と言われた」という話を聞いたことがある。ズバリ的を突いた言葉で感心した。親（大人）は「あんたのためや」と言いながら、先回りをして「ああしろ」「こうしろ」と子どもに言う。

それが子どもを思う「親心（善意）」だと思っているのだが、それが子どもにとって、いかに「ウザイ」ことであり、子どもを煩わせ、追い込み、つらい目に遭わせているかということに、大人が気づいていないことを、子どもの立場から端的に表現していたからである。子どもの問題行動の背景に、親のこうした行動がある場合もあることを意識しておく必要がある。（「問題行動」という言葉が気になる人もおられるだろうから、念のためにその定義をハッキリさせておく。ここでいう「問題行動」は周囲や社会に迷惑をかける問題の行動という意味ではない、自分の中に問題が生じていることをアピールする行動という意味だ）

他人の評価と自分の心

「この本の中では、生きるためのレシピなんてない、『自分が自分であって大丈夫』といった自己肯定感が欠如している子どもたちが多いと述べられています。現在の競争社会のなかで常に他人を引き合いに出して、他人と比べられ、駆り立てられて育って来ている子どもたちは自分を見失ってしまっている。私自身、この文章を読んだとき自己肯定感がかなり欠けているのではないかと思いました。今現在でも他人からどう評価されているかということが気になって、自分の考えや気持ちに従って動けないときが多々あります。自分でもいつからこんなにも他人と自分を比べてしまうようになったのだろうとよく考えます」（女子学生）

「『人生はフリースタイル』であって、誰かの模倣をする必要もなく、誰かにあわせる必要もない。ただ、その人自身のものなのである。その中で、不安になったり、孤独を味わったり、道を失ったりするかもしれない。でも、そうすることによって、自分であることの意義を見つけることができるのだと思う。自分であること、自分のために、自分らしく生きること。誰もがわかっていながら、知っていながら、そう生きるのは難しい」（男子学生）

この二人の学生も言っているように、他人と常に比べられ自分自身を見失ってしまっている子どもや若者は少なくない。「自分自身を見失う」ということの意味は、彼女の言葉を借りれば「自分の考えや気持ちに従って動けない」ということと関わっている。常に他人の目や評価を気にして生きていると、他人の目に映る対象としての自分の姿にとらわれて、主体としての自分が何を感じ、何を思っているかをおろそかにしてしまう。

その典型が、世間一般で「よい子」といわれる子どもたちである。彼らは、他人向けの「よい子」の「仮面」が顔に張りついて、素顔の自分、「あるがままの自分」がわからなくなった子どもたちだといえる。つまり「自分を見失ってしまっている」のだ。

そういう人は、他人から与えられた「人生のレシピ」通りに生きようとする人たちだともいえる。料理だってレシピ通りにやればいいというものではないし、レシピだけではわからない部分もある。それが、実際にやってみて失敗や試行錯誤を経験することで身についていく、「具合」「加減」「呼吸」というものだ。

人生にも失敗や試行錯誤を通してしかわからない「具合」「加減」「呼吸」というものがある。それをわかっていくことも、人間として人生を生きることの醍醐味だろう。失敗や試行錯誤を通して見つけだしていく、ちょうどよい「具合」や「加減」や「呼吸」は、誰もが同じではなく、一人ひとり違っているだろう。それを測りながら生きるところに、その人独自の味つけや味わいのある人生が実現していく。

「宇宙内存在」の自分、「社会内存在」の自分

「子どもたちはこのような競争原理のなかで比べられて生きているわけですが、なぜ自ら比べてしまうのでしょうか。安心、自由というものがない。だから自分の存在がわからなくなってしまう。そして他人と比較することで自分の一部分（能力、特性）を自分自身で認めて安心する。自分の存在を認める手段の一つとして、他人との比較をしてしまうのでしょうか」（男子学生）

この男子学生は、競争原理の中にいる子どもたちの心について記している。彼は、子どもたちは、自分の存在を認めるために他人と比較してしまうのではないかと問いかけている。

人間というのは、自分を確認しないと安心できない存在である。自分のいる場所や位置がわからないと、不安になるものだ。

だから、他人と比較して自分の位置を確かめようとしたり、みんなと同じであることで安心しようとしたりするのだろう。この「自分」とは「社会内存在」としての自分である。詩人の谷川俊太

郎さんは次のように言っている。

「人間を宇宙内存在と社会内存在が重なっていると考えるとわかりやすい。生まれる時、人は自然の一部。宇宙内存在として生まれてきます。成長するにつれて、ことばを獲得し、教育を受け、社会内存在として生きていかざるをえない。散文は、その社会内存在の範囲内で機能するのに対し、詩は、宇宙内存在としてのあり方に触れようとする。言語に被《おお》われる以前の存在そのものをとらえようとするんです。秩序を守ろうと働く散文と違い、詩はことばを使っているのに、ことばを超えた混沌にかかわる」（朝日新聞二〇〇九年一一月二五日付「インタビュー・詩はどこへ行ったのか」）

自然の一部としての人間を「宇宙内存在」だと谷川さんは言っているが、これはつまり生きものとしての人間ともいえるだろう。社会的地位や財産、人間関係などが「ことばを獲得し、教育を受ける」などの結果としてもたらされたもので、それにより規定される個人を「社会内存在」というとすれば、宇宙内存在はより大きな意味でのいのちの営みの主体だといえる。

この谷川さんの言葉を借用すれば、「社会内存在」としての自分（の位置）は、他人と比較することでそれなりに見えるのかもしれない。しかし、「宇宙内存在」としての自分（の位置）は他人と比べるぐらいで見えてくるものではない。むしろ、他人と比べて、「社会内存在」としての自分

（の位置）を確かめて安心することで、かえって「宇宙内存在」としての自分というものを忘れ、見失ってしまうということもあるのではないか。

生きることの意味や価値への問いは「社会内存在」としての自分の範囲を超えて、「宇宙内存在」としての自分にまで視野を広げる射程を持った問いなのである。人間が生きることの意味を問う——富や地位、快適な暮らしだけを追い求めるのではなくて——のは、「宇宙内存在」としての自分を忘れていないからなのかもしれない。そういう意味では、競争社会の中で他人と比べることに汲々《きゅうきゅう》としている人は、自分を「社会内存在」の範囲に閉じこめてしまっていることになるのかもしれない。

「社会内存在」としての人間は、たとえば、一〇代や二〇代のころから、いろんなきっかけで、「大企業に入るために会社の役に立つ人材にならなくては」「国のために役立つよう力をつけたい」などと考えたりする。「役にたつ人材」でないと存在価値がないという価値観に脅されながら、目標に向かって他者と競争するのだ。

しかし、次の詩を読んでみてほしい。まどみちおさんの作品である。

うさぎ

うさぎに　うまれて

うれしい　うさぎ

はねても
はねても
はねても
うさぎで　なくなりゃしない

うさぎに　うまれて
うれしい　うさぎ
とんでも
とんでも
とんでも
とんでも
くさはら　なくなりゃしない

　ナマコ
ナマコは　だまっている
でも

「ぼく　ナマコだよ」って
いってるみたい
ナマコの　かたちで
いっしょうけんめいに…

いかがだろうか。自分と他人を比べたくなるだろうか。ああ「ボクはボクでいいんだ」「私は私で大丈夫」と思わないだろうか。人間は「社会内存在」でもあるから、「人材」という側面はもちろん持っている。しかしそれだけが人間のすべてではない。このうさぎやナマコのように、自分を生きることにかけがえのない価値があるのである。

他人よりも役に立つ「人材」にならないと、高い値札がつかない。だから「生産性」をあげて高い値札をつけてもらえる「人材」にならないといけない――そう思いがちな私たちの毎日を、これらの詩は、生きものの本来の姿という地点から問い直しているようにも見える。

見て見ぬふりをして忘れてきたもの

「今までにも、自分の好きでない、見たくない部分に気づかされることもありましたが、そのたびに真剣に考えずに目を背けていたように感じます。私は知らない間に今日の持つ社会の風潮や雰囲気にのまれているのかもしれません。しかしただ社会のせいにして、結局は変われない自

分がいる気がします」（女子学生）

この女子学生によれば、自身の「好きでない、見たくない部分」とは、「心にゆとりがない」ということだった。それをどこかで感じつつ、そのゆとりのなさを見ないようにして生きている現代人は多いのかもしれない。それも「早く、早く」と急がせる現代社会の風潮や雰囲気にのまれているからかもしれない。

彼女も言うように、そういう風潮や雰囲気があるのだから、仕方がないのだと自分に言い訳をして、「ゆとりのない自分」と向き合い、そのことを突き詰めて考えようとしないで生きているうちに、ゆとりのない自分の生き方が当たり前になってしまっている。

視界の隅にうっすらと見えているものを見ないようにしていることは、時にあることだ。それがしっかりと見えるようにするためには、立ち止まってそれに焦点をあてて見つめなおしてみなければならない。

それは、めんどうくさいことでもあり、またへたをするとやっかいな問題が見えてきてその対処、解決のために患わされることになりそうで、つい敬遠したくなることでもある。現代社会では、多くの人がそうやって生きているのではないだろうか。

しかしそれでは、生きているというよりも、ただ急いで目的もゴールもわからずに走っているだけに等しいのではないか。景色は次々と移り変わるが、それも移り変わるだけで、じっくり、しみじみと味わうこともない。急ぎ、走って、人生を味わっていないのである。

そのツケがいつか回ってくることもある。たとえば病気になったり、子どもが問題を起こしたりするという形で。そうなると、もう見ないふりをするわけにいかず、そこで立ち止まり、見ないふりをしてきたものとまともに向き合わざるをえなくなるのである。

それは当人にとっては、やっかいなことではあるのだろうが、後から見れば、潜在していた問題を解決し、生き方を変えていくチャンスであったことに気づくことも多い。

高速道路を走るような生き方

「小学校のときは宿題を忘れるだけで恐くて、先生が私に抱いているであろう『この子はできる』という考えを打ち消すようなことはしたくないと考えていたのです。これは評価されたからこそ自分に自信を持ちがんばれたと考えるべきか、急《せ》かされ、急かされがんばったと考えるべきか……。私は両方あるように思います」（女子学生）
この女子学生の感想は先ほどふれた「他人の評価を気にする」ことの具体的な影響を示すものだと思う。「この子はできる」と評価され、それが自信になり、一層「がんばりたい」ということにつながることはよくあることだ。しかし、それは同時に、その評価を裏切ってはならないというプレッシャーに転化して「がんばらねばならない」という強迫になることもよくあることだ。

他者からの評価にとらわれるとそうなるのである。がんばることの中身に意味や価値をとても感じて、自らがんばりたいということはその人を成長させる能動的ながんばりになるだろう。しかし、評価にとらわれて、その評価を裏切ってはならないというがんばりは、他人に見捨てられる不安や恐怖に駆られた頑張りに変化し、彼や彼女を追いつめていくことになる危険性がある。

競争がそこに介在すると、一層評価にとらわれたものになる危険が強まる。競争の中身よりも、その結果にどうしても関心が集中し、「高い評価を得たい」ということにとらわれるからである。競争に勝つ栄誉をたたえる他人のまなざしにとらわれるのだ。

「大学生になり、私は『評価』を前ほど意識しなくなりました。家族と離れたことも理由かもしれません。ずっと自分のことを考える時間が増えたし、ゆとりもできました。心が疲れて、もう今はこれ以上がんばれないというサインも自分で感じることができるようになりました」（女子学生）

ともかくも大学に入り、受験競争に一応の終止符を打つことができたことは、「評価」を以前ほど意識しなくなる原因かもしれない。それだけではなく、人生のこと・自分のことをじっくりと考えるゆとりができたことも、「評価」にとらわれなくなる理由かもしれない。

外からの他者のまなざしに支配される度合いがゆるみ、自分自身と向き合う自分のまなざしが強くなったことの表現でもあるのだろう。彼女は精神障害者のための作業所にボランティアに行った。

「作業所に来る人たちには様々な理由がありますが、どんな理由でも『行きたい』という気持ちを尊重しています。直前に行きたくなくなったら行かなくてもいいし、何時に作業に来てもいい。作業に来てもしたくなかったらしなくてもいい。

社会のような細かいきまりがなく、とにかく自分の気持ちで動くことが可能な場所です。アルバイトや学校などの社会の早い流れに慣れていた私は、最初、変な違和感がありました。あまりに時間がゆっくり流れ、『なんにもしなくてもいい』なんて時間がもったいないなと感じていました。

しかし、ここにいる人たちは、損得なく心で接してきて、話したくないときは気を遣うことなく話さないいし、笑いたくないときは笑わない。最近の自分はムリして笑ったりムリにがんばったりが続いていたからなのか、すごくうらやましかったです。そしてステキに見えました。急いでばかりではなくて、たまに立ち止まってみると、見えていなかった世界も見えてくるのだとしみじみと感じさせられました」（女子学生）

時間に追われて生きている人が、彼女のように「作業所」や「居場所」など、時間のゆっくりと流れるところに行って、その中に身を浸してみることも有意義な経験になるだろう。「高速道路」

を走るような生活の中では見えなかったものが、見えるようになるのである。

早いスピードで走るほど視野が狭くなることは、交通心理学の知見を待つまでもなく、経験的によく知られている。「高速道路」のような生活の中で、視野が狭くなり見えなくなっているものがたくさんありそうだ。そんな状況が、人生を豊かに生きることにつながるとはとても思えない。

高速道路は、効率と利益のために造られたクルマ用の道路である。功利を追求することが高速道路の論理である。功利を追求するのに威力を発揮するのは「頭」だ。頭は損得を計算する。その計算に聡《さと》い人間が有利になる。計算する「頭」が先頭をきり、「分別」をもって心や身体を引っ張る。さぞかし心や身体は無理をさせられていることだろう。

その無理によってきしみ、悲鳴を上げそうになっている心や身体の発するサインを、おぼろげながらに感じつつも、それを見ないようにして走り続ける。それが頭の役割なのだが、そのうち、無理をして「頭」についてきていた心や身体が悲鳴をあげてついてこられなくなり、ついてくることを拒否するようになる。

登校拒否の子どもの状態がまさにこういう状態である。長年そういう子どもたちやその親のカウンセリングをしていて理解できるのは、彼・彼女たちの場合、「頭」では「学校行かなきゃ」「行った方が得になる」と登校しようとしているけれど、「心」や「身体」が「もうイヤだ！」とそれを拒否しているということである。

登校すべきという「理屈」は、子どももすぐ理解できる。でも身体や心が「納得」するには時間がかかる。生きることには理屈ではない部分がたくさんあり、理屈で突っ走る頭に、心や身体がついていくことには無理があるのだ。

登校拒否する子に「どうして学校に行きたくないの?」と聞いても「しんどい」「疲れるから」などの返事しか返ってこないことが多い。普通、そういう答えで納得できるものではない。どうして「しんどい」のか、なぜ「疲れる」のかがわからないからだが、その答えを当人自身がわかっていないのである。

しんどさや疲れは頭で考えるものではなく、心や身体が感じているものなのだ。日頃から、心や身体の感じていることに目を向けずに、頭で「こうでなければならない」「こうした方が楽だ」「こうした方が得だ」と考えて生きている人は、どうして自分がしんどくて、なぜ疲れるのかわからないことが多い。

その頭と心や身体との関係は、たとえていえば企業戦士の父親と妻や子どもとの関係にも似ている。父親は家族のために、妻や子どものためを考えて一所懸命がんばって働いているつもりである。でも、肝心の妻や子が何を感じているのかを知ろうとしない。頭では妻や子のために働いているつもりでも、実は、妻や子の気持ちや感じていることを無視して働いている。この父親を「頭」、妻や子どもを「心や身体」だと考えてみてほしい。

頭は自分なりの損得計算で「こうするのが理にかなっている」「こうする方が得だ、楽だ」と考え、その方向で心と身体を動員するが、心や身体はそれで幸せとは決して感じていない。むしろ、しんどい、疲れると感じている。しかし頭は、心や身体がなぜしんどくて、疲れているのかがわからない。

そういう意味で、心や身体の感じる具合や加減、呼吸に、頭が関心をもって心や身体と対話し、今はちょうどいい具合だ、今は少し加減が悪そうだ、今は呼吸があっている、などと判断できれば、調和のとれた全体を回復することもできるだろう。そういう頭と心と身体の関係を構築できる社会のあり方、システムをつくることが、これからの人類の大きな課題になっているのではないだろうか。

登校拒否の子どもの場合に限らず、頭の中で——理屈と分別で——ある種の条件を備えたら、自分は幸せになれるだろうと考え、そうしてみたのに、いっこうに幸せを感じることができない、むしろ空しさを感じる、ということがある。頭ばかりで生きてきた人間はそこで慌てる。こんなはずではなかったと。

幸せは頭で考えて実現するものではない。幸せは心や身体で感じて実現するものだ。心と身体が感じるものなのだ。そのことに気づかずに、損得勘定ばかりで走っている人がなんと多いことだろうか。

2 「ウイズ・コロナ」を「ウイズ・マイセルフ」に

今の日本では、頭と心・身体の調和がとれない人――自分自身であれ、他者であれ、何らかのストレスによって心身の変調をきたした時に、そのことを敏感に察知して、その意味を的確に理解し、適切な対処ができるように頭を使えない人――が思った以上にたくさんいると私は見ている。そのことを、いろいろな意味であぶりだす形になったのが、二〇二〇年から問題になってきた新型コロナウイルスによる感染症ではないだろうか。

同調圧力と子どもの発達

たとえば、社会を覆う感染症への恐怖の中で、見知らぬ他者を含めて「感染源」であるかのようにとらえ、監視するような風潮が生じたことを覚えているだろうか。電車の乗客がたまたま咳《せき》をした別の乗客に「降りろ」と迫った、あるいは、ライブハウスが感染対策を行っているにもかかわらず、「迷惑かけるな。店やめろ」という匿名の手紙を寄せられた（「自粛警察」などと呼ばれた）などといったできごとがあった。感染症に対する科学的知識に欠けた監視や差別である場合が少なくなかったし、日本社会にありがちな「全体に従うべき」とする同調圧力が露わになったできごとだったといえる。

子どもの生活にもいろいろな制約が加わっており、もちろん感染予防上妥当な措置が多いとは思うが、上記のような社会の風潮の中、それらが子どもへの同調圧力や差別につながらないようにする目配りが大人には求められている。

感染をめぐるいじめや差別はもちろん許してはならないし、たとえばマスクをつける、手を洗うといった、感染予防上必要なことを子どもたちが実践する時、それをするのが「よい子」なのだという意識を持たせてしまうリスクを考えておく必要がある。

自分で考えて行動するということがまだ十分できない小学一年生は、どんなことであれ、親や教師など、いわば「権威」ある大人から指示されれば、それは「よいこと」「やるべきこと」と受け取るものだ。危険な感染症の流行という緊張感の中ではますますそういう傾向が強まるだろう。それが、「よい子にしてなきゃいけない」「お父さん・お母さんの言うとおりにしなきゃいけない」「先生が言った通りにしなきゃいけない」という意識を過剰にしてしまう場合がある。

感染予防をすることの大切さを、その理由を含めて大人がわかりやすく教えると同時に、すべての生活場面においてと同様、感染症についても、自分の頭で考え、自分の心で決めて行動することの大切さをわかってもらえるようにする必要があるだろう。とくに小学校低学年の子どもなどの場合、これから他者や社会に開かれて生きていくわけであるから、コロナ禍をそうしたことを学ぶ機会と考える必要もあるだろう。

私は幼い時、結核に感染した母からの感染を防止するため、伯母に預けられ母から離れて暮らした経験がある。寂しがる私を慰めるために大人たちは、しきりに、「よい子にしていたら、またお母さんと一緒に暮らせるようになるから」と語った。私は早く母と一緒に暮らせるよう願い、「よい子」になった。

その時に身についた「習性」は今でも残っていると感じる。そして、それがいかに自分の自由を奪ってきたかを、身に染みて知っている。思春期から青年期にかけ、私は「よい子」からの脱皮を試み、そのおかげで今日の私があるわけだが、いまだに「よい子」の片鱗も残っているのだ。

「悪い子」が「よい子」になれば、大人は「よい子になったね」と歓迎してくれるが、「よい子」が「悪い子」に脱皮すると、大人は子どもが悪くなったと嫌な顔をする。その「脱皮」は、人生の主人公として自分で生きていく力をつける、発達上とても大切なプロセスであるから、それが困難になる事態をもたらす、過剰な「よい子」づくりにつながってしまわないよう注意が必要だと感じている。

「経済効率」だけを奉じてきた社会の脆さ

コロナ禍は別の問題もあぶりだした。それは、日本の社会の脆《もろ》さである。この国のここ二十数年間の風潮は、端的にいえば、グローバル企業の世界戦略が成功するよう、経済的効率性を高めることに貢献できるかどうかで人を評価するというものではなかったか。

二〇〇〇年前後の労働法分野での「法改正」を契機に、人の生活の基本となる労働に、雇用形態や労働条件などによって「格差」がもたらされ、賃金のよりいい仕事を得られるかどうかは個人の努力と競争での勝利次第だという観念が定着してきたように思われる。

一方で老人や病人、障害者など、上記のような意味での経済効率の観点からは軽視される領域、すなわち医療、保健、公衆衛生、福祉、社会保障などの分野は、官民あげて「コスト削減」の対象としてきた。

ウイルス感染の有無を調べる検査でさえ十分にできないほど保健所を減らし、重症化した感染症の患者が入院もできないほど病床がひっ迫してしまった経験は、「経済効率」を至上の価値観とする社会が、いかに脆弱《ぜいじゃく》であるかを白日のもとにさらした。

「経済効率」だけを奉じる考え方は、人間を育てる分野、すなわち教育においても異常な様相をもたらした。学校を競争環境に置き「勉強漬け」「テスト漬け」で子どもを競争させ、ゆとりのない学校をつくってきた。すでに、増え続けるいじめや登校拒否などが示してきたように、そうした学校のあり方が子どもたちの心に深刻な影響をもたらしてきた。

二〇二〇年春に、当時の首相が科学的根拠もないまま、感染対策と称して全国の学校を一律休校にした時、学校の抱えるそうした問題は家庭に持ち込まれた。子どもたちは家庭で、膨大な量の「漢字プリント」「算数ドリル」「音読」などをする課題を与えられた。

それをさせるのが親の務めとされたが、仕事をしながら――あるいはコロナ禍で仕事がなくなったりしてしまう深刻な事態に直面しながら――家で子どもの教育まで対応しなければならなくなった親の負担もたいへんなものだった。

　親や子どものストレスが増大し、児童虐待などが起きるなど、家庭が、子どもの安心できる「居場所」でなくなってしまうという状況があちこちで生まれた。その後、学校が再開し授業が本格化した後は、今度は「学力の遅れを取り戻す」ことが叫ばれ、中には七時限まで授業をする学校も現れ、そうしたストレスが子どもたちの登校拒否を激増させもした。

　コロナ禍は教育の分野でも、これまでやってきたあり方の問題点を浮き彫りにしたのである。経済効率ばかりを重視した人づくりは、肝心の人間の発達を阻害してしまっているのだ。それはもちろん、子どもの自己肯定感を削《そ》いでしまう――あるがままの自分でいて大丈夫と安心できなくなってしまうから――ものでもある。

　コロナ禍で子どもの自殺が急増したことが報じられたが、これまでの日本の人づくりのあり方、自己肯定感の問題という点から見て深刻な問題を投げかけていると思う。コロナ禍以前のことだが、たとえばこんなことがあった。幼稚園に通っている五歳の孫が、母親から始終「なぜ、みんなと同じようにできないの」と叱られている。祖母は見かねて孫が通う幼稚園に出向き、園長に、「うちの娘が孫に、『みんなと同じように』できないことを叱りつけている」と相談した。すると園長は、「小学校に上がってみんなと同じようにできないと、つらい目に遭うのは本人さんです。だから、当園では、みんな同じようにできるようにがんばらせているのです」と答えたという。

この園長が言うようなことが必要なケースも中にはあるだろう。しかし、「みんなと同じ」を、大人が「本人のため」として強制するというこの発想には、先ほどふれた同調圧力と同じリスクがあるのではないだろうか。そして、その背景に「ほかの子との競争に負けてはならない」という意識も見え隠れしているように感じられる。

自分の正直な気持ちや感情を抑える

コロナ禍やそれに対する「緊急事態宣言」などで、仕事がなくなってしまった人、営業を規制されたにもかかわらず十分な補償が行われていない人など、生活に困窮するようになってしまった人がたくさんいる。その中で、生き残らなくては、と思うあまり、以前よりもいっそうがんばりすぎてしまう人もいる。

感染症やそれによる生活への不安に直面すればつらくなるから、その感情を隠し、ともかくがんばろうとするのは、ある意味で「自然」なことではある。感染症、とくに新型コロナウイルス感染症のような感染力の強いそれの場合、個人の力で対処するのは限界があり、そのために公衆衛生政策や行政が整備されていなければならなかったが、それを怠り、むしろ縮小してきた日本のような国では、「自分の力で何とか生き残らなくては」と考えるのだ。

こうして、不安に駆られる人たちは、自分を、「生きもの」としてよりも、ますます「人材」として見るようになり、自分が「感じていること」よりも、自分のいわば「値札」を気にして生きるようになる。それは、自分の正直な気持ちや感情を抑え、生きものである自分を軽んじて生きることにつながると、私は思う。

生きることの基礎には、自分の周囲の状況を「感じる」こと、そして感じたことを「表現すること」があると思う。今の社会は、「勝つも負けるも自己責任」とばかりに、人々を「人材」として扱い、「人材」として適合しない人を軽んじ、否定する、あるいは排除する傾向がある。

そうすると、子どもも大人も、自らを社会から扱われるように扱い、「できる人」「使えるやつ」という、周囲からの値踏みのまなざし、評価を気にして、一喜一憂しながら生きるようになる。「自分が感じること」「自分を表現すること」よりも、周囲や他者の評価を優先するようになってしまう。

すると次第に、自分が本音で何を感じ、何を思っているのか、よくわからなくなっていく。自分の「あるがまま」がわからないから、自分を受け容れ、自分と共に生きることができない。大人も子どもも、自分で自分を受け止められない、自分で自分を感じることも表現することもできない状態に置かれるわけだ。

これは生きること、あるいは生きものにとって異常な状態である。この異常な状態がもたらすストレスが「地雷」のように心の奥に埋め込まれたままになっていく。いじめや登校拒否、子どものメンタルの病気などは、この「地雷」が「爆発」し表面化した状況ともいえるかもしれない。

感染症でいのちが脅かされたことによる「自覚」

生きものである人間にとってのこの異常な状況が、コロナ禍でも一層深刻化しながら続いているわけだが、よく考えれば、感染症で命や健康を脅かされているということ自体は、私たちが「人材」である以前に生きものであるからこそともいえる。二〇二〇年に始まったコロナ禍は、私たちが生きものであることを再認識する機会だとみることもできるだろう。

「人材」として自分にいくらの「値札」がつくかばかりに関心が向いてきたけれど、それよりも生きることがまず大事であり大切なことであるということを、私たちは「発見」したといえるのかもしれない。ＣＯＶＩＤ－19という、「姿なき殺し屋」のような病がそれを教えたとすれば、いろんな意味で皮肉なことだ。

ウイルスと共存しながら、この状況を生き延びるということが一つの課題となったその過程で、たとえば日本の学校の教室が、感染防止のための社会的距離を保つには狭すぎることに気づくことができ、問題解決のための少人数学級へと国が一歩踏み出したことは――遅きに失したという面もあるものの――貴重なことだ。

私たちの「生きものとしての側面」に向き合い、そうした目で私たちの生きている環境や働き方・社会・生き方を見直し考え直すということに頭を使うことができるなら、新たな視野が開けるだろう。一定期間強いられることになりそうな「ウイズ・コロナ」という状況だ。それを、「ウイズ・マイセルフ」、すなわち「大切な宇宙内存在としての自分と共に生きる」ことに転化することができれば、コロナ禍のピンチをチャンスに変えることができるのではないか。

人生の主人公ということ

人は誰でも、自分の人生は自分にしか生きられない。自分の人生を誰か他人に代わって生きてもらうことはできず、誰もが自分の人生の主人公であることから逃れられない。しかし、自分の人生の主人公は自分だということを意識していない人が意外に多いのではないだろうか。

自分の内心の気持ちも、曖昧《あいまい》にしか自覚せず、自分が何をしたいのかも曖昧なままに生きている人が多いように思われる。そのため、自分が主体的に、あるいは自由に動かねばならない状況に置かれると、動けなくなる人も少なくない。

カウンセリングに訪れたクライエントに、私はよく「どうぞ自由に話してください。今日はどんな話をされますか?」と導入するが、そこで何を話していいか戸惑ってしまう人が少なくない。相談したくてカウンセリングに来たはずなのに、自分を語れないのだ。

もちろんそれには、深い事情がある人もいて一概には言えないが、日常、自分の心で感じる気持ちや感情を置き去りにして、慌ただしく生きているから、自分が何を話したいのかわからない人が増えているというのは、臨床の場でしばしば感じることだ。

近代の社会は、それ以前のように伝統や慣習に従って生きていればいい時代ではない。個が自立し、自分で生き方を選択していくことが必要になった。つまり、自分自身と対話しながら生きるということではないか。「自分らしく生きる」などという言葉が生まれるのもそのためである。その自分の気持ちがわからないというのはつらいことだといえるだろう。

なぜ自分の気持ちがハッキリしないのだろうか。無意識のレベルで抑圧されている気持ちというものがあるが、それはひとまず措《お》く。無意識レベルではない、日常的に自分が感じること、気持ちについていえば、一般にそれらは、語られ、他者によって受けとめられることを通して、「自分はこういう気持ちなのだ」とはっきり自覚できる場合が少なくない。そういう気持ちがわからないというのは、一つにはそんな人間関係が貧困になっているということが背景にあると思われる。

坐禅《ざぜん》とは自分の心を見つめて静かに坐るのが常識だが、瑞巌《ずいがん》禅師という方は毎日坐禅しながら大きな声で「主人公おー」と叫び、「はーい」と自ら答えたという変わった方だったらしい。この主人公とは禅で言う「本来の面目」つまり、「本来の自己」「真実の自己」のことなのだ。坐禅の「坐」という字は土の上に人が向き合って対話する形であり、その人とは自分自身ともう一人は別の自分つまり内心の自分のことだ。

カウンセリングでもカウンセラーとクライエントが向き合って坐るが、その際、主人公はクライエント自身なのだ。その主人公であるクライエントに、「今日は何を話しますか」と呼びかけ、クライエントが自分自身と向き合い、自分を語るのだ。

二〇代の若者たちと、そういうことを長時間話し合ったことがある。彼・彼女らが言っていたのは、お互いをリスペクトしながらコミュニケーションをとる機会が少ないということだ。

人々が気にかけているのは、主体として自分が何を感じて生きているのかではなく、他者から自分がどう見られているか、どう評価されているかであり、そこに気をとられ、それ以外に他者が感じていることには関心もない、したがって他者を個人としてリスペクトしていない――そんな人が少なくないというのである。

もしかすると、他者だけでなく、自分自身をも、個人として尊重できなくなっているかもしれない。多くの人が、スマートフォンを使って他人とコミュニケーションをとるようになっている。たとえばインターネット上の通販サイトなどを見たことのある人は経験があると思うが、いつの間にか、ＡＩ（人工知能）に自分の個人情報が蓄積されていて、ＡＩが「あなたにはこういう商品をお勧めします」「あなたが伴侶に望む条件にピッタリなのはこの方です」と言わんばかりに情報を提供してくる。ＡＩに蓄積された自分に関する個人情報に従っていれば、あたかも「自分らしく」生きられるかのような錯覚を覚える仕掛けになっているのだ。

ＡＩに任せておけば、自分の心と向き合い、対話しながら生きる必要もないように見えてくるが、そういう仕掛けに慣れていくと、自分が何を感じどんな気持ちで生きているのか、確かめる必要も感じなくなるかもしれない。生身の人間が自分自身と向き合うことをおろそかにし、自分の心を置き去りにして見失っていくのでないかと私は危惧《きぐ》している。

コロナ禍のなかで子どもの心に寄り添うために

堀江健一さんというヨットで無寄港世界一周を単独でやってのけたヨットマンがいる。海また海の三〇〇日近くを孤独に過ごしたが、堀江さんは孤独な生活によって精神に異常をきたしたりはしなかった。

自然が与えてくれる多くの刺激があったからであろう。水平線、風、波、スコール、海鳥、美しい夕陽、星空、月光、夜光虫や魚……視覚刺激だけでも無数にあったろうし、風向きや風の強さ、波の具合をみながら、帆を操らなければならないから、触覚刺激や自分の身体を使った運動刺激もあったろう。

心理学に「感覚剝奪《はくだつ》」という有名な実験がある。被験者は視覚、聴覚、触覚などの刺激を奪われた日々をすごさなければならないのだが、その状況に、二〜三日以上耐えられた被験者はほとんどいないという。

人間は、単なる孤独には耐えられても、感覚剝奪の孤独には耐えられないのである。まず退屈し、やがて、落ち着かなくなったり、不規則な体の動きをしたり、イライラしたり、不安定になり、集中して考えることもできなくなる。白昼夢や幻覚が現れることもある。

コロナ禍の中、特に休校措置が取られ学校に行けなかった時には、それに似た退屈体験をした子どももいたのではないか。生きものであるがゆえに、外界からの感覚刺激がなければ動く手がかりを与えられず、行動へのエンジンもかからないのだ。

感染予防のために「密閉、密集、密接」を避けよといわれるが、人間という動物は、「恐怖感」や「不確かさ（不安）」に襲われた時に、身を寄せ合い、情報を交換し合って安心する性質を持っているから、この状況にもある種のストレスを感じているだろう。

「子どもの権利条約」は、子どもを〝権利主体〟として尊重することを謳《うた》っている。子どもの指導や援助にあたって、その「最善の利益」を考えるに際しても、大人が勝手に判断するのではなく、子どもの「意見表明」が尊重される必要があるとしている（第一二条）。

ただ、この場合「意見」や「見解」を大人のそれと同様に理解するだけでは、理解が狭くなるだろう。意見表明の「意見」という言葉は、英文の条文では〝views〟とされている。その意味には「意見」「見解」のほか、「見える姿」「外観」「風景」「眺望」「見晴らし」……などがある。

幼い子どもは決して自分に〝見え、感じる世界の姿〟を明確に言語化して表現できるとは限らない。明確な言葉のレベルではなくても、非言語的な行動やイメージ、時には「症状」などを通して、何かを子どもが訴えることがある。

理解すべき対象の範囲を広げて、その意味をとらえる努力を大人はすべきであると私は思う。毎年、長崎の佐世保で「子どもサミット」という集まりがある。登校拒否の経験者である子ども・若者が市民に向かって、自分たちの経験や思いを語る集まりだ。ある年に、登校拒否をしていたある一五歳の少年が、次のように語ったことがある。

「僕たちは不登校という形で、自分のつらさを表現できている。同じようなつらさを抱えながら、それを表現できずに学校に我慢して通っている子どもたちがいっぱいいる。その子どもたちのことを気にかけてあげてください」

私はその場でコーディネーター役をしていたが、この少年の言葉の確かさに心打たれた。実際、状況を口で説明できない子どもが、身体症状を通して表明することはとても多い。登校拒否の子どもの場合、腹痛や頭痛、発熱などを通して「行きたくない」と訴える場合が少なくないが、そういう「意見」も含めて尊重し、「子どもの最善の利益」（第三条）を考える必要がある。

今日のようにコロナ禍でストレスが溜《た》まるときほど、そうした配慮が必要である。同時に、なぜ子どもたちが口で「いやだ」と表明できないのか、どういう状況がそうさせているのかという点まで掘り下げてみる必要もあるだろう。

3 相手をリスペクトして聴く

「しんどい気持ち」を隠してがんばる子ども、若者たち

カウンセラーは心に悩みを抱えた人に耳を傾けるのが仕事である。クライエントの目や心には、この世界や自分自身のことが、どのように映り、どのように感じられているのか——彼・彼女に寄り添い、自分の人生の主人公であるべき彼や彼女の心の深みを理解しようと努力する。

子どもは成長・発達過程にいるという意味では未熟な存在であり、保護を必要とする一面がある。同時に、彼・彼女らもまた、自分の人生を生きている主人公であり、当然、個人として尊重されるべき存在である。大人が「上から目線」で子どもの考えを軽んじることは許されない。先ほどふれたように、子どもであっても相手をリスペクトしながらその声を聴くということだ。思春期のある女性クライエントが、次のような意味のことを語ってくれたことがある。

「クラスの居心地がよくない。それよりも家の方が居心地悪い。『なぜかしんどい』と母に言ったら、『わけもなくしんどいはずがない、悲劇のヒロインぶっている』と言われた。『どうせ言っ

てもわかってもらえない』という気持ちになる。学校でも家でも自分をつくっている感じがする。やる気がせず遅刻して学校にいく自分をダメな自分、悪い自分だと思う……」

彼女にはどこにも居心地のよい場所がない。そんな状況だとすれば、誰だって理由もなくしんどかったりすることはあるだろう。しかし、それを訴えても受けとめてもらえないのだ。それどころか、「悲劇のヒロインぶっている」などと、無理解な言葉を投げつけられている。「そうか、しんどいのか。どんなふうにしんどいのかな?」と、彼女のしんどさを受けとめ共有し、一緒に理解しようという心配りが周囲にないので、自分の感じる感情の意味を深く吟味し自覚することができないでいる。

彼女はその結果、「自分がわからない」まま放置されているような状況にあるといえる。こういう状況にあると、モヤモヤした自分の感情の正体がわからなくなり、この状況自体が「しんどさ」の原因にもなるだろう。今、こんなつらさを抱える子どもや若者は少なくない。

他人よりも自分を責める

若者と話していて印象に残った言葉がある。「自分を悪者にすることで、すべてが収まる。親や友だちを悪者にする必要がなくなる」という言葉である。親や知人との間で、あるいは学校や職場などで、何か問題が生じているとき、仮に他者や周囲の環境にその原因があったとしても、あえてそれを批判することはせず、自分の側に責任があると考えるというのだ。

それでは自分が納得しないのではないかと思うが、本人にしてみれば、それ以上に、他者や周囲との間にとげとげしい雰囲気が生じるのを避けたいという気持ちがあるのかもしれない。自分を責める方が、他人を責めたり憎んだりするよりは「ラク」だということかもしれない。他人ともめるのが面倒くさい、自分の気持ちをわかってくれる友達や教師、親に恵まれていないと思わなければならない自分がみじめになる……というような気持ちもあるかもしれない。

先ほどの女性のクライエントは、リストカットを繰り返していた。そのことについて次のような意味のことを語っていた。

「自分を責めて、自分を傷つけることがある。手首は見えるから、いまは上の方を切っている。そうするとモヤモヤが治まる。血が出てくると、なんかモヤモヤが出てしまうような感じかな」

私が、「そのモヤモヤの正体は何かな？」と問うと、次のように話した。

「親かな……。親にはわかってほしいけど、どうせわかってもらえないという気持ちがあるし、また言って『甘えている』とか言われたら今度は耐えられないだろう。それが恐い……」

このクライエントの場合、「自分の気持ちを親にわかってほしいが、わかろうとしてくれない。悲しい、つらい、気持ちがモヤモヤするけれど、それを言葉にできない。だからリストカットをする」のだ。そうすると、モヤモヤが出ていって消える。クライエントは、本当は、親に自分の気持ちをわかってほしいのだけれど、それを望んでも無駄だとあきらめてしまっていて、逆にもっとつらくなることを言われてしまうことを恐れてもいる。

リストカットは、内心の「悲しさ」や「つらさ」を受け止めてもらえない「心の痛み」を持つ惨めな自分を分離（スプリット）して、惨めな自分から逃げ出し意識朦朧《もうろう》の状態（解離状態）になり、「つらさ、心の痛み」から自分を防御し、代理的に自分の「つらさ・痛み」を表現しているといえる。これは、たいへんな「苦肉の策」だし、いわば、言葉にならない訴え、表現できない内心の代理表現といっていいだろう。

家で、親の愛によって元気を「充電」できないから、学校に行くのもしんどくなる。やる気がなくなり遅刻したりする自分を「ダメなやつ」「悪い自分」と責めて落ちこむ――その繰り返しになってしまっている。どうして親が子どもの気持ちを受け止められなくなっているのだろうか。忙しい、余裕がない、親自身が自分の問題を抱えている、だから子どもも安心して話せない……そんなことも推測できるが、いずれにしろ、クライエントは、問題を親や他人のせいにしないで、自分のせいにしているのである。

私の経験では、親に自分のしんどいことやつらいことを話せなくなっている子どもや若者が少なくない。子どもたちは、親に対し、楽しいことやうれしいことは話すけれど、しんどいことやつらいことは話さないという傾向がある。しんどいこと、つらいことはペットに話すと語ってくれた子がいた。ペットは黙って聞いてくれるからだという。

ある高校生は、自分がいじめられるのは「自分がダメだからだ」と言った。その理由を聞けば、「自分には得意なものがないし、しゃべるのがへただ。だからいじめられるのだ」と言う。いじめられることを自分のせいだと受け止めている。自分がつらい目にあったり、しんどくなったりするのは、「自分がダメである」ことの証《あかし》であり、自分のせいなのだと自分を責める――このような子どもや若者にとって、「自分のダメさ」を他者に漏らすことは、周囲から否定される危険を冒すことなのだ。

「自己責任」「自立・自助」をスローガンに、人々に強者であることを強いる今のような社会では特にそうで、「厄介者」「めんどうくさいやつ」「コストのかかるやつ」と評価を下げるおそれもある。そういうことを、子どもが親に対してさえ気にしているのではないか。

私は思春期の頃に、学校の先生から、人間は苦しみ、悩むことを通して、人間的に成長し、発達するのだ、苦しみ悩むことは人間を磨く砥石《といし》のようなものだと教えられた。だから、苦しむことや悩むことを肯定的にとらえてきた。しかし、今の子どもや若者たちにとっては、そうではないようだ。

しんどい、つらいと弱音を吐きたい時は、相手を信頼し、受け止めてほしいと願っている時である。その言葉を本当に心から耳を傾け聴いてもらえたら、大きな「癒《いや》し」にもなるだろう。「こんな私であっても大丈夫だ」という安心を子どもに提供できる大事な機会になるし、共感と愛によって子どもの心に「自分が自分であって大丈夫」という自己肯定感をふくらませてやれる絶好のチャンスにもなる。そのチャンスを活かさない手はないと私は思う。

子どもを「二つの目」でとらえる

子どもの権利条約の第一二条（意見表明権）、第一三条（表現・情報の自由）などは、子どもが、一個の人格主体として独立した内面生活を持ち、自ら決定し、行動する自由を持っていることを認めている。大人の側は、子どもが自らの頭で考え、自らの心で感じたことを大切に、自らの行動や人生を決めていくことを、どれだけ尊重できるか、そのことを問われることになる。〝子どもが主人公〟〝主体〟だと、お題目のように唱えるのではなく、日々の教育実践や子育ての中で、実際に子どもを人生の主人公としてどれだけ尊重できているかということだ。

たとえば、子どもが登校を渋ったとき、ただちにそのことが問われるだろう。大人が自分の考えを述べることはいいが、そのうえで「おまえの人生なのだから、おまえが自分の心と体とよく相談して決めたらいいのだよ」と、心から言ってやれるかどうかである。

つらいことやしんどいことを抱え、それを口に出して周囲に言えない子どもの心には、見えない「地雷」のように否定的な感情が埋もれている。それだけに私は、子どもを「二つの目」でとらえることが大切だと考える。一つは、子どもの目に周囲がどのように見えているのか、その心にどのように感じられているのか、それを、子どもに寄り添い、子どもの目線で「共感的に理解する目」だ。もう一つは、人間として大事な力を子どもがきちんと身につけて育ってきているか、それを「客観的に評価する目」だ。

左右両眼で見る時に世界が奥行きをもって見えるように、この二つの目で子どもを見て、子どもの人間としての奥行きを理解するよう努めたい。そうしている親や教師も少なくないと思うが、左右両眼のどちらかに「利き目」があるのと同じく、「共感的に理解する目」と「客観的に評価する目」のどちらかが「利き目」になっている可能性もある。子どもを「共感的に理解する目」を「やさしい目」、子どもを「客観的に評価する目」を「きびしい目」と仮に言い換えるなら、日頃、自分がどちらの目で子どもをよく見ているかを意識し、振り返ってみることも大切である。

「やさしい目」は子どもの立場に立って、その気持ちや思いを理解しようとする。他方、「きびしい目」は、子どもを突き放すように、彼・彼女が、人間として大切な力を、どれくらい身につけながら育ってきているか客観的に冷静に見る。機械的に一般化するつもりはないが、教師は子どもに一人前の社会人、市民としての能力・特性を身につけさせることが仕事であるから、その到達を評価する目が「利き目」になりがちである。他方、カウンセラーは、心に悩みや苦しみを抱えた人を相手にしているから、相手の立場にたって相手の心を理解するやさしい目が「利き目」になりがちである。そういう違いはあれ、両方の目で見ることが大切である。今日、教師の「利き目」になりがちな「きびしい目」が、本章ですでに述べたような事情で、子どもの人間として大切な力を育てる目ではなく、「よい子」でないと見捨てるぞという脅しの目になる傾向が強まっていないか、私は危惧《きぐ》している。

なお、付け加えておけば、本来、子どもを人間として育てる愛は、「やさしさ」と「きびしさ」の両方を兼ね備えているものだ。しかし、その「やさしさ」と「きびしさ」は、「アメとムチ」（利益誘導と脅し）で子どもを操作し、動かすこととは似て非なるものだ。それがしばしば混同されるが、ここで「やさしさ」「きびしさ」といったのは、子どもを甘やかすことでもなければ、脅したりきびしい口調で話したりすることでもない。

子どもを人間として育てるための本当の「やさしさ」と「きびしさ」は、子どもを、主体として尊重するものであり、操作して動かす対象として扱ったりはしない。人間形成の過程にある存在ではあっても、あくまで主体として尊重するからこそ、人間として許せないことには厳しく叱るし、子どもが感じている気持ちや感情にやさしく寄り添って耳を傾けるのだ。子どもへのそうした愛が大人の心にしっかりと座っていてこそ、本物の「やさしさ」と「きびしさ」が生まれる。

感じていることを言葉にできるように

この「二つの目」で子どもを見るときに必要なことは、子どもが生きている世界を、子ども自身がどのように見て、どう感じているか、自分の言葉で表現できる力を育てることである。子どもの気持ちへの共感も、その到達への冷静な評価も、子ども自身が自分で表現する言葉に耳を傾けることで可能になる。

しかし、子どもたちが自分のつらいことやしんどいことを表現しなくなり、周囲の目に子どものつらさやしんどさが見えなくなっている今、その条件が十分あるとはいえない。子どもが感じていることを言葉にすることを、大人はあたたかくサポートする必要がある。

子どもが人生の主人公として、あるいは権利主体として自立していくことは、決して孤立して生きることではない。困ったときや助けを必要とする時に、周囲に援助を求めることのできる力は社会的に自立していくうえで不可欠の力である。個人としてお互いを尊重し合いながら助け合うためには、互いの意見や思いや気持ちを表現し合い、しっかりと対話することができなければならない。

今、子どもたちは自分の気持ちや思い、考えを他者にしっかりと言葉でわかりやすく伝える力を学校や家庭、地域で育ててもらっているだろうか？　子どもたちは、スマホやゲーム機など機械と遊び、買い物や用事を足すにも、生身の人間と言葉を交わす必要のない環境の中で育っている。そんな環境の中で育てば、自分の思いや要求を言葉で表現する力が弱くなっても不思議ではない。また、周囲の大人、親や教師が、子どもの種々の表現に耳を傾けることができなければならないが、そういう余裕があるだろうか。

カウンセラーとしての私は、子どもが発する言葉に耳を傾けて、その気持ちを相手の立場に立って理解しようとする。なかなかうまく言葉にならない気持ちを、「こういうことかな、こんな感じかな」と言葉にして生み出すのを手伝う、「助産師」のような仕事である。その経験からいえることだが、子どもは、大人がしっかり子どもに向き合い、親身になって耳を傾けてくれるからこそ、言葉にならない気持ちをがんばって言葉にしようと努力するものである。子どもの話に耳を傾けて、その気持ちや思いを聴き取る仕事は、子どもの中に、自分の気持ちや思いを言葉にして表現する力を育てる仕事でもあると思っている。そういう意味での「聴くこと」を、精神的、物理的な余裕のなさも手伝って、結果としてさぼっている大人が増えているのではないだろうか。

また、そのことと関わって学校教育で大変気になるのは、国語教育の中身である。国語教育から「綴り方」や「作文」が消え、情報を読み解き、それを要領よくまとめて報告する力、つまり「情報処理能力」の養成に重点が移ってきていることが気になる。

情報化社会、知識基盤社会などといわれる今日の社会で求められる「人材」としての資質・能力の養成に、教育内容が偏ってきているのではないか。個人、あるいは権利主体として、お互いを尊重し合い、楽しく平和に暮らせる社会をつくるためには、互いの気持ちや思い、意見を表現し合い、しっかりと対話する必要がある。地域に異年齢の子ども集団があり、その遊びの中で、対話を交わし育つというような——それは、一九八〇年代初めころまではどこにでもあった光景だが——条件が大変少なくなってきた中では、大人が子どもの心に寄り添い、その表現に耳を傾けることができるゆとりや条件が必要だ。

気持ちを受けとめる話の聴き方

あるお母さんは、小学六年生の息子さんから、「オカンは話を聞いてくれるけど、気持ちをわかってくれない」と言われたそうだ。「オカンの話は〝そやけどなあ〟と否定から始まる」と。よくある話である。このお母さんは、一応子どもの話を聞くふりをしながら、その子の気持ちをしっかりと受けとめ理解することをせずに、話がひと段落ついたときに「そやけどなあ」と自分の言いたいことを言うことに重きが置かれているようだ。

勉強の苦手だった子が、珍しく勉強して「いい成績」をとろうとがんばった。しかし試験の成績はいつものように悪かった。それをもって帰ってきた子どもは「がんばったのになあ」と残念そうに親に言った。その子に親は「またがんばったらええ」と言った――たとえばこんな光景が目に浮かぶ。

これでは、「子どもの気持ちを受けとめた応答」にはならないのだ。「がんばったのに成績は悪かった」その時のその子の気持ちは、「ガッカリした」あるいは「くやしい」というものだろう。それを聞いた親は、「それはガッカリしたねえ」「それはくやしいね」とその気持ちをまず受け止めてあげることが大事だ。

そのように気持ちを受けとめてもらえた子どもは、「せやねん、ほんまガッカリや。いつも悪い成績でオカンに嫌味言われるから、今度はがんばってエエ成績とってオカンを喜ばせてやろうと思ってがんばったのに、くやしいわ……」とさらに自分の気持ちやその子の背景にある「物語」を語り始めるかもしれない。そこには親にとって様々な気づきをもたらす中身もある場合がある。それをしないで「またがんばったらええ」と先にレールを敷くようなことを言うと、残念ながら、そこで話はぷっつりと切れてしまう。

経験のある人も少なくないと思うが、つらいことやしんどいことを「話し」たときに、その気持ちをしっかりと聴いてもらい受け止めてもらえたら、その気持ちを「手放し」、自分から「離して」見ることができるようになる。それがどれほど子どもにとって心が軽くなり、安心する助けになることか。「話を聴いてやることぐらいしかできない」「いい助言をできない」という大人がいるが、聴くことの大きな力に気づいていないからそのように言うのである。

相手の気持ちをしっかりと受け止める話の聴き方ができる大人が減っていると、私は感じる。子どもたちが大人に、自分のつらさやしんどさを話さなくなっているもとで、余計に子どもの気持ちに耳を傾け、その気持ちを受け止める機会が減ってしまっているせいもある。どちらかというと、男性がそのような聴き方ができていない傾向にある。上意下達の仕事の世界で、お互いに役割を果たすためのやり取りはあっても、忙しい職場でお互いの私的な気持ちや感情に触れて会話を交わすことなど縁がない人が、男性には多いのかもしれない。

「おなかが痛い」「頭が痛い」と子どもが訴えた時、「そうかよしよし」と腹に手をあててさすってやったり、「熱があるのと違うか」と頭に手をあててやったりしているだろうか。その痛みごと子どもを受け止めるゆとりが、以前の大人にはあったが、最近はそれも怪しくなっている。「薬飲んどき」「医者行ってこい」ですませてしまっていないだろうか。そういう対応をされた子どもは、「具合の悪い僕は迷惑な存在なのかな」と感じないだろうか。

そういうことが続けば、子どもはつらい自分を大人に見せてはいけないと思うようになる。つらさやしんどさを抱えた自分は、他者に「迷惑」をかける存在なのだという自己否定の思いが強まるからだ。そうではなく、「ダメなところのあるあんたでもいいんだよ」「そんなあんたのそばにいるよ」というメッセージを子どもに伝えることが必要だと私は思う。それにより、「自分もここにいてよいのだ」という安心が生まれる。「自分が自分であって大丈夫だ（ダメな自分であっても）」と思えるだろうし、問題を抱えていても、その安心を土台に乗り越えていくことができるだろう。

すでに触れたように、互いに「リスペクト」しながら相手の話を聴くという機会が、若い人たちの間で少なくなっているという指摘がある。日本国憲法第一三条には、「すべて国民は、個人として尊重される。生命、自由及び幸福追求に対する国民の権利については、公共の福祉に反しない限り、立法その他の国政の上で、最大の尊重を必要とする」と謳われている。この条文にある「尊重される」という言葉は、英語では be respected である。respect という言葉の成り立ちは re-spect であり、「顧みる」「見直す」という意味を持っている。「君のことを見直したよ」という言葉のように、相手をじっくりと観察し理解する、あるいは決めつけないことが、尊重するということの土台にあることを思わせる。これが憲法で社会全体のルールとされていることを忘れてはならない。

おそらく現状は、若い人が言うように、個々人の間でリスペクトが失われているのだと思うが、それは今の社会全体を覆う特徴なのかもしれない。「効率」ばかりを追い求め、短時間で「成果」を挙げることが重視され、じっくりと何かに取り組むことに重きが置かれない社会では、人と人の関係もそれに似たものになってしまうのだろう。

心を縛る「世間」

世間には、人々を縛る言い回しや決まり文句がある。たとえばコロナ禍の中で、「マスクして行かないと先生に怒られるよ」「みんなに白い目で見られるよ」「見てご覧、○○ちゃんはマスクしているよ」などといった言葉は、その種の決まり文句といってもいい。いずれも、「自分がどう思うか」あるいは「客観的に見て妥当か」ではなく、別の他人や集団を引き合いにだし、その人々が否定的に見るだろうという推測を使って、相手の考えを否定したり、行動に枠をはめたりする言い方だ。「それでは世間がだまっていない」「私はいいけど、みんなが迷惑するよ」などというのもそれにあたる（自分の責任を巧みに回避した言い回しである）。

さらには、「死ぬ気になれば何でもできる」「努力が足りない」「やる気が足りない」「根性がない」などと、「自助自立」「自己責任」の風潮に乗った価値観を押しつける決まり文句や、「そんなことは考えなくてもよい」「言われたとおりにすればいいのだ」と疑問を一方的に封じ込める言い方もある。

こうした、世間でよく使われる言い回しや決まり文句が、大人によって、子どもや若者たちの脳裏に刷り込まれ、内なる脅しのように彼らを縛るという面がある。そうすると、その価値観に合わない自分を否定する思いにとらわれる場合もあるだろう。これらの言い回し、決まり文句は、つい使ってしまいがちだが、そういう問題をはらんでいることに注意しておきたい。少なくともそれは、子どもの心に寄り添うものではなく、世間の目で子どもの心を縛るものにほかならない。

第2章　なぜ自己肯定感が大切か

第1章で、今日の「自分」というもののありようをいろいろと考えた。今の日本では、自分の気持ちや自分の考えがわからなくなってしまうような状況がある。自分がつらさやしんどさを抱えたとき、家族を含め他者に訴えたり、誰かを批判したりすることをせず、自分が悪いのだと考える——カウンセリングの現場で実感するこんな状況は、人間の心が健全な状態でいられていないことを表している。それは社会のありようと深く結びついているので、そういう面からも考える必要があるが、ここでは、そういう状態にある人間の心に対し、直接どう向き合うかを中心に考えてみたい。

1　子どもを取り巻くきびしい競争

「人材」化、商品化した子どもたち

「大きな商店の店先にぼくは並べられていた。ぼくも、ぼくのまわりの商品もみんな値段がつけられている。それは偏差値である。お客（高等学校）は数値の高いものから買っていく、ぼく

は売れ残ってなかなか売れない。店先では売り子（教師）が品物をふいたり並べたりしていた」

（河瀬哲也『専門家として本物の先生になるんだ』二〇一六年、部落問題研究所出版部）

これは一九八〇年代後半に当時の男子中学生が書いた詩「僕が見た夢」の一部である。自分が見た夢の内容によって作者が日ごろ感じていることを伝えていると読める作品だが、「ぼく」が値段をつけられた「商品」になっている点が衝撃的だ。

中学生にもなれば、こういうことをハッキリと感じている。学校で進学・進路をめぐる厳しい競争を強いられている状況を、自分たちが「人材」予備軍として育てられているととらえている。十分な収入を得られる会社に入るために、偏差値の高い学校をめざす、しかしそれがかなったとしても、過労死するほど過酷な仕事が待っている——そんな状況が問題にもなっていた当時に書かれた詩だから、自身のこれからの人生を考えながら、深刻な思いを持ったのかもしれない。

学校教育が、他者を蹴落として自分が上位に立つための熾烈《しれつ》な競争の場となり、「人格の完成」をめざすという本来の目的から離れてしまっていることがこの作品の背景にはあったと思う。しかしそういう状況は、約三〇年が経過した今日、改善されるどころか、もっとひどくなっているのではないか。

試験で測られる成績をいかに上げるかが「勉強」の主要な目的になり、学ぶことの面白さ・楽しさが伝えられない学校。そんな学校の姿を象徴するのが、二〇〇七年から始まった全国学力テスト

（全国学力・学習状況調査）だろう。これは、国が全国の小学六年生と中学三年生全員を対象に行う調査で、その平均点で学校のランキングが発表される。毎年四月下旬に実施されるので（二〇二〇年度はコロナ禍で中止）、新学期の授業はまず学力テスト対策に集中し、四月の授業は過去の学力テストに出た問題をひたすら解かせ、教科書も開かないという学校さえあるようだ。国が号令をかけてこんなことをしているわけだから、学校の勉強が競争とセットの、子どもにとって厳しいものになっていくことは無理もない話である。

こういう環境のもとでは、子どもに対する評価は、競争での勝ち負けに常にリンクされてしまう。成績が上がればほめられ、ほめられることでさらに上位をめざし、成績が落ちれば叱られ、脅される。「ほめる」ことと「叱る」「脅す」ことは反対のようにも見えるが、いずれも子どもを競争に駆り立てるという動機は共通しており、本質的な違いはない。

「人生の主人公」として生きる主体を「人格」という。人格は人間の「丸ごと」である。性格も能力も含む人間の全体であり、人それぞれ、何を「めあて」に生きるのかが人格の軸になる。いくらあれこれの「できる力」を身につけても、その力を「何のために」発揮するのか、その軸となる「生きるめあて」が備わっていなければ「生きる力」として活かされない。

人格は「生きるめあて」と「生きる力」を統一した主体である。「人材教育」はあれこれの人材として「できる力」を身につけさせることばかりに熱心で、自分の「めあて」を持って生きる力を育てることを軽視している。「できる力」さえ身につければ、「生きるめあて」は国や企業が与えるのだとでも考えているのだろうか。

それぞれの子どもに「生きるめあて」を育て、支えるためには、その子の目に、この世界がどのように見えているのか、主体であるその子の立場に立って、その感じ方や見方をとらえ、それを確かなものにしていく支援が何より大切だ。それは成績競争、進学競争とはまったく異なるものである。国連の子どもの権利委員会は、日本政府に対し、「高度に競争主義的」な学校環境が、子どもたちのいじめ、精神的障害、不登校・登校拒否、学校中退、自殺に関わっていると懸念する是正勧告を、一九九八年以来たびたび行っている。激化する競争が子どもたちの心を圧迫し、その結果さまざまな問題行動が起きていると把握されているのだ。

私なりにこの是正勧告の見地を解説するなら、これは、「人材」競争に連なる学校での厳しい競争が、子ども一人ひとりが人間としてリスペクトされ愛されることのない学校生活をもたらしてしまっていることを示していると考える。人間としてリスペクトされ愛されていなければ、子どもは、試験の成績が悪ければ、自分を「できないダメなやつ」と思うだろう。自らの存在の丸ごとを否定してしまうのだ。「こんなオレは嫌だ」「こんな私はダメだ」と自分を嫌い、自分の正直な気持ちや感情を表に出せなくなり、つまりは自分や自分の感じていることを大事にできなくなってしまうのである。

自分を大事にできないのはつらいことだ。受け止められない自分の気持ちや悲しみ、つらさが、「成仏」しないまま「地雷」のように心の奥に埋め込まれたままになり、ある時何かのきっかけでそれが「爆発」することもあるだろう。いじめや校内暴力などはその現れだ。

「お前たちは性能の悪いクルマ」

「生きもの」はそれぞれに固有のリズムやテンポ・ペースをもっている。「人材」養成の教育は、効率を重んじるあまり「生きもの」としての個々の特性を尊重しない傾向がある。第1章で「社会の速い流れ」に慣れていた学生が、精神障害者の作業所でアルバイトをするようになり、「あまりに時間がゆっくり流れる」ことに最初は違和感を覚え、やがてそれが心地いいものになっていった、という話を紹介した。これはその学生の持つリズムやテンポが本来はゆったりしたもので、作業所の時間の流れ方が合っていたということである。

そういう場では、人は自分らしくすごすことができるが、競争的な環境の場では、つまりレースの中にいるということであるから、そのテンポに合わない子どもたちはついていけなくなる。高速のテンポに合わない子どもたちの中には、「登校拒否」へと追い込まれる人も出てしまうだろう。

子どもは科学・技術で設計・製造された機械ではなく「生きもの」である。機械であれば、技術次第では高速で走ることもできるかもしれないが、「生きもの」には無理な速度がある。しかし、競争的環境に慣れてしまうと、少しでも速くと思うからか、そういう当然のこともわからなくなってしまうようだ。ある学校で、教師が、「お前たちは性能の悪いクルマだから、優秀な連中以上にがんばらなければならない」と生徒にはっぱをかけたと聞いた。速く走る性能を持たないクルマだから、その分、長時間がんばれとでもいうのだろうか。競争の結果で個人の位置を測る発想に立つ限り、このような考え方に陥ってしまい、子どもを人間として扱うことができなくなることを示す逸話といえる。

あたかも、期待される性能を持たないクルマのように、数学、国語、英語など何か部分的な学力において、その時点でよい成績をとれないということだけで、子どもが「自分はダメだ」と考えるようになる。あるいは、そういう競争的環境が苦しくなってしまったり、いじめなどに遭ったりして学校に行けなくなった子どもたちは、たいてい「自分はダメな人間だ」と自分の存在そのものを否定する心に追い込まれている。競争的な環境に慣れすぎてしまい、人間の価値は競争で測られると考えているので、その競争に入っていけない自分を「ダメな人間だ」と感じるのだ。

繰り返しになるが、人間は機械や道具ではない。仮にある時期、何かの問題があったとしても、個人として尊重する気持ちと愛情をもって問題を解決すれば、さまざまな可能性を開花させるものである。いのちのはたらきが活性化すれば、人間の持つ自然治癒《ちゆ》力、自己回復力が発揮されるからである。しかし、それを性能の劣ったクルマのように扱えば、一層自己否定の心へと追い込んでしまう。

学校に行けず「死にたい」

ある種の問いは、科学によって答えを出すことが可能だ。たとえば「地震はなぜ起こるのか?」

という問いが、地震の起こるしくみ（how）を尋ねる問いであるならば一定の答えが出る。しかし、この問いかけが地震の生じる目的や意味を問うているとすると（why）、答えるのは簡単ではないだろう。そして、私たちの人生は、このwhyという問いかけに満ちている。たとえば、「なぜ、私の子どもが登校拒否にならなくてはいけなかったのですか？」という問いは、子どもの登校拒否という状態の意味を問うものといってもいい。親の納得できない心が発する問いかけである。

カウンセリングをはじめ対人援助の仕事は、そういう意味や目的を問う問いと、始終向き合う。登校拒否をする子どもが「みんなあたりまえに学校に行っているのに、自分だけ学校に行けない。こんな情けないダメな自分は消えた方がいい」と思うことは少なくないが、この自己否定の心は、自分の存在の意味を考えるからこそ生じるものといえる。

登校拒否する子ども自身、頭では学校に行かねばならない、行こうと思うのになぜか心と身体がいうことをきかない、その理由が自分にもよくわからない、と思っている。だから「なぜ行けないのか」と親や教師に聞かれても、説明できないし、答えることができないのである。「何か変だ」としか言いようがないが、そんなことを言っても納得してもらえない。

学校に行けない自分を「情けない弱いやつ」だと言い、「そんな自分は死んだ方がましだ」と自分の存在そのものも否定する子どもに対して、何をすればいいだろうか。どうすればそういう子が元気になるだろうか。

たとえば、その子の「よいところ」を見つけ、「あなたにはこんなよいところがあるじゃないの」

とほめてやれば、彼・彼女は元気になるだろうか。残念ながらならないのだ。登校拒否をしている子は自分の存在丸ごとを否定しているからだ。学校で勉強すること、そしていい成績をとることが、まるで人生の全てであるくらい大事なことだったのに、学校へ通うことも勉強することもできなくなってしまった——その子は、自分がこの世に存在する理由を失ったかのように思いこんでいるかもしれない。そういう人に対して、「部分的なよいところ」を見つけてほめてやったとしても、意味を持たない。その子の存在丸ごとが肯定されなければ元気にはなれないのだ。

いうまでもなく、登校拒否やひきこもりといった状態から立ち直り、自らを解放していく主体は、子どもや若者自身なのであり、周囲の親や教師、カウンセラーや援助者はそれを手伝う脇役でしかない。その認識を欠いた、押しつけがましい一方的な「援助」が、いかに侵襲的に子どもや若者たちを追い込んでいくかという例を、私はいやというほど見てきた。当人が自分で自分を「治して」いく主体になろうとする時に、もっとも障害になるのが「自己否定の心」である。多くの当事者の子どもや若者が、学校に行けない自分、社会に出られない自分を「ダメなやつ」と責め、貶《けな》し、否定している。

学校に行けない自分を受け容れ、「こんな自分でも大丈夫だ」と、頭も、心と身体も、納得して全体的な調和を取り戻すことによって、自己否定の心を乗り越え、初めて元気になれるのだ。この、「こんな自分でも大丈夫だ」という感覚こそ、私が提唱する自己肯定感にほかならない。これについては次の節で詳述するが、その前にいくつか、子どもたちの状態に関することを述べておこう。

二つの苦しみと「居場所」

子どもたちは自分を嫌い否定する傾向を持つ一方、第1章でも見たように、周囲の友人や親、教師に、自らの悩みやつらさを表現することについて、不安や恐れを感じている。いわば、自分を否定しなくてはならない苦しみと、それを誰にも言えないという二つの苦しみを抱えている。

一生つきあい続けなければならない自分という存在を、「こんな情けない自分は嫌だ」「死んだ方がましだ」と丸ごと否定しなくてはならないのは、たいへんつらいことだ。同時に、その「ダメな自分」を人前に出すことは、人に迷惑をかけることだと感じ、そうできないのである。つまり、子どもたちは、自分を受け容れ「自分と共に生きる」ことからも、「他人と共に生きる」ことからも隔てられてしまっているということになる。

そういう子どもに何より必要なのは「他人と共にありながら、安心して自分自身であることができる」、ゆるしと共感の人間関係の中に身を置くことだ。それが彼・彼女の「居場所」である。そういう「居場所」に身を置くことによって、「自分が自分であって大丈夫」と安心できる。大切なのは、生身の人間が子どもの心に寄り添い、子どもの心を聴くことだ。そして、子どもが自分の内心で感じている気持ちや感情を、自分の言葉で語り、表現できるようにすることだ。

私は心理カウンセラーだから、相手（クライエント）の語りを聴くことに集中し、耳を傾ける。それによって相手が自分と向き合い、自分の心に耳を傾けることを手伝うのだ。クライエントが、押し殺してきた心、日頃の忙しさの中で置き去りにしてしまった心、見て見ぬふりをしてきた心に、自身で向き合い、自分の心のメッセージを聴き取ることを手伝うのである。

それは時に、クライエントにとって、つらくしんどい作業にもなる。カウンセリングは単純な「癒《いや》し」とは違う面があるのだ。しかし、心の深部と向き合うことによってしか見えてこない「自分」はたしかにあるし、それと向き合うことが再生につながるということもたしかである。その作業をしやすいように、カウンセリングは、クライエントが安心できる環境で行うことが必須であり、クライエントを個人として尊重し、リスペクトを持って話を聴くことが大切である。

「居場所」（それが特定の場所なのか、人物なのかはさまざまだが）はカウンセリングと同じものではないが、安心してすごせ、話したいことがあれば、温かく、真剣に、リスペクトを持って聴いてもらえる誰かがいるという点では似た面もある。

カウンセリングにしろ「居場所」にしろ、リスペクトをもって相手の話を聴くということは、その相手の人間としての丸ごとを受け止め、その言葉に共感しながら、ともに考えることになる。つらさを抱えた人であれば、その言葉にはさまざまな自己否定的な内容も含まれるだろう。どうしたらいいかわからないような問題も語られるかもしれない。しかし、相手の気持ちを大事にし、個人として尊重しながら聴くことで、語り手は、「この人は自分の思いを受け止めてくれる」という感覚を持つ。「ここでは、自分のことを話してもいい。自分がどんな気持ちでいるか、何がつらいのかを聴いてもらえるのだ」という実感を持つ。それを通して、「自分にはダメなところがあるけれど、そんな自分を受け止めてくれる人がいる」と感じること、「あるがままの自分でいて大丈夫だ」と感じることができる。これは、私が強調する自己肯定感にほかならない。

コロナ禍によるステイホームの生活の中で、子どもの心の健康を考えるうえで、やはり家庭がその子の安心できるホームであり、居場所であるかどうかが、大きな意味を持つ。

家庭が「居場所」になっているか？

現代の日本社会では、自分の時間と労働力を売ってカネを得ている人が大多数を占めている。そうやって生活の糧を得ることが生きることの中心になり、人々の人生全体を乗っ取っているようにも見える。

これは資本主義社会の爛熟《らんじゅく》と行き詰まりがもたらした現象ではないのか？　それが、家族やコミュニティの生活を破壊するに至っているのではないか。

そもそも、人間らしい生活には、生活の糧を得ること以外に意味のある活動がいっぱいあるはず。家事や子育て、絵を描いたり、音楽をやったり、瞑想したり、読書したりものを書いたり、仲間や友人たちと楽しんだり、スポーツをしたり、旅に出たり、自然に親しんだり、その他、政治的、市民的なさまざまな活動もありえる。

そういう活動が人間の生活を人間らしく活性化する。だが、そういう活動に時間とエネルギーをほとんど使えず、長時間働いたあとは疲れ果てて寝るだけといっても過言ではないような生活に追われている人たちも少なくないようだ。先に挙げたようないろんな活動をする際にも、現代では多くの場合、商品としてのモノやサービスが「お役に立ちたい」としゃしゃり出る。そうしたモノやサービスを利用するにはカネがいる。カネを得るにはまた働かないといけない。そういうサイクルの中にいつの間にか私たちは閉じ込められてしまっている。

種々の活動をするにも、商品としてのモノやサービスを利用しないといけない。また、どんなモノやサービスを利用しているかによって、その人のステータスやアイデンティティが決まり、幸福度が決まり、それを得るためにいつの間にか競争になってしまっている。

子どもが親に望むことの第一は、自分のために親が「そこに居て」くれることであり、そのために時間をとってくれることである。そして、そのことこそ、今ほとんどの親が子どものためにしてやれていないことだ。

あとにも述べるが、いのちの実物は「今・ここ」を生きている。「過去」も「未来」も頭の中の観念の世界にある。生まれて間もない幼児ほど「過去」も「未来」もないから、それだけ「今・ここ」のウエイトが大きい。その「今・ここ」をどれほどそばにいて共有し、大事にしてもらえるか？　それこそが、自分が親から愛され、大事にされているかを示す証となる。

ところが、労働者として働く多くの親にそれができていない。そのことで親が心に抱える罪悪感が、商品としてのモノやサービスを子どもに与えることで代償される。そのモノやサービスを買うためにもカネがいる。そのために働かないといけない。働くことに時間をとられて、子どものそばにいて子どもと時間を共有してやることができない。この悪循環のサイクルの中にはまり込んでしまっている。

健康で文化的な最低限の生活さえ保障されないほどの貧困家庭の親は、ともかくも生きていくために働かないといけない。一方、テレビのコマーシャルで流される「世間並み」の生活がほしくて働く親は、周囲の人に後れをとらない生活（消費）をするために働く。

その競争を仕掛けて儲けるのが、商品としてのモノやサービスをつくりだす企業であり、その販売を促進するための広告企業・広告媒体を使う企業である。彼らの仕掛けにのせられて〝もっともっと〟と一所懸命働く労働者がおり、〝もっともっと〟とモノやサービスをほしがる消費者が誕生する。大多数の人々はいずれも、その労働者であり消費者であることを兼ねている。

消費熱、消費競争の高まる中で、消費者として〝もっともっと〟と消費を求め、労働者として〝もっともっと〟とカネを求めて働くという出口の見えない循環の中に閉じ込められてしまっている。このように、あの手この手で出口の見えないサイクルに人を追い込むのが現代社会だ。私は、それは資本主義というしくみの当然の必然であり、弊害だと思っている。

いつの間にか社会の価値観に変えられていく

自分の存在そのものを否定する気持ちは、すでにみたように競争で自分の位置を測る心からくるものだ。それは、有用性を欠いた人間は「人材」たりえないと見る社会の価値観に影響されている。

親はわが子に対する愛情から、わが子の将来を心配し、わが子のためにと思い、塾や習い事などにお金をかける。もちろん、その気持ちにうそ偽りはないだろう。ただ、その気持ちは、「有用性」を価値とする社会の価値観に染まっていないだろうか。

自分の子どもへの愛情が、「社会の価値観に染まっている」という表現には、不快感を持つ方がいるかもしれない。ただ、ここにはよく考えてみるべき問題がある。

「私たちの闘いは世界を変えるためでなく、世界が私たちを変えないようにするためだ」という言葉がある。マハトマ・ガンジーもこのような意味の言葉を残した。そう、人間はうっかりしていると、自分の生きているこの世界によっていつの間にか変えられてしまうのだ。そして自分の首ばかりではなく、愛する人の首を絞めるようなことを、気づかないままにしてしまう、あるいはやらされてしまうのである。

誰しも、日常の課題や仕事を効率的に功利的にこなすために、いつの間にかごまかしていることがある場合がある。第1章で紹介した学生の一人が、「自分の好きでない見たくない部分に気づかされ」ても「真剣に考えずに目を背けていた」「私は知らない間に今日のもつ社会の風潮や雰囲気にのまれているのかも」と書いていたが、自分に言い訳し、問題をあいまいにしながら生きているうちに、大事なことを見失い、自分自身が変わってしまっていくのだ。

カウンセリングは、日常生活の中で置き去りにし、見ないようにしてきた自分の心の真実と向き合うことを手伝う場であり、私も、そういう問題があることにクライエントが気づく場面に、何度も立ち会ってきた。いかに、この世界が人間を変えてしまう大きな力を持っているか、人々の内面を通じてそれが克明にわかる。特に、この世界では、金と権力と貧しさが人間を変えてしまう、その力の大きさは、とんでもないものがあるということをしばしば感じてきた。今の社会の中にある価値観や人生観が、知らず知らずのうちに自分の心を覆っていること、ある場合には愛情のつもりでそういう見方を他者に押し付けている場合がありうること——そういうことへの自覚が必要ではないかと思う。

2　自己肯定感は愛でふくらむ

自分自身を思いやりの目で見る

子どもや若者の「生きづらさ」の中身やその原因について、いろいろな角度から語られるようになった。カウンセラーという立場で子どもや若者に接してきた私の立場から見れば、周りからも自分でも、常に「評価」のモノサシを当て、「こんな自分はダメだ」と自分を否定し、自分自身に対し、やさしく思いやりをもって向き合うことができていないことが、「生きづらさ」の一つの理由だと感じる。

もっといえば、まるで、「こんなことではダメよ」「もっとがんばれ」とあれこれ注文をつける親のように、自分自身が自分に注文をつけながら生きていて、自分を思いやりの目で見てやれていないのである。すると、「悲しい」「腹が立つ」「つらい」「悔しい」などの気持ちがあっても、自分自身に向かって、「悲しいな」「つらいなあ」とその気持ちに向き合ってやれなくなるのだ。

自分の正直な気持ち（とりわけ否定的な気持ち）を、自分さえ無視してしまうと、人の心は、いらいら、もやもやとした状態で放置される。第1章で、そういう否定的な気持ちを「地雷」にたとえたが、放置されたまま心の中に埋め込まれているわけだから、何かのきっかけでそれが「爆発」することはありうることだ。

それを避けるためには、自分の中にある否定的な気持ちを、ある意味で尊重し、それに向き合い、それに対する自分の納得いく答えを見つける、というプロセスが必要なのだ。一般に、誰かが困ったり悩んだりしている時、その人への思いやりを持って、その気持ちを聴き、語り合うことで、相手が救われるということが多いように、自分自身に対しても思いやりを持って接し、自分自身と対話することで、否定的な気持ちに対処したり折り合いをつけて生きていくことができるようになる。

それが自分を愛するということだ。苦しみや悩みを抱えた自分の心を、曖昧《あいまい》にせず、あるいは時間を惜しまず、納得いくまで向き合う。そうできない子どもや若者が少なくないと感じるが、それは、親、教師、大人、あるいは社会から、そのように扱われていないからではないか。

ちなみに、この「社会から」というのは、国家もその一つである。二〇二〇年の春、新型コロナウイルス感染症の広がりに対し、根拠もなく全国一律休校を総理大臣が決めて、人生の大事な節目となる卒業式や入学式を子どもたちから相談もなくいきなり奪うというできごとがあった。卒業式や入学式は、これまでの人生のステージに「さようなら」をし、新しい人生のステージに「こんにちは」をする大事な節目のときである。その「さようなら」と「こんにちは」の大事な時を奪われた子どもたちはいきなり、方向を見失い迷子にされたような気持ちにとまどい、さぞかし理不尽さを感じたことだろう。私は、その子たちの心を案じている。無神経な政治、思いやりのない政治もまた、人の心に深刻な影響を与えるのだ。

個人を尊重することと自己肯定感

思いやること、愛することは、「評価する」こととはまったく違う。同時にこの場合、主観的に思いやる、愛するというだけでなく、その思いを土台に、相手を尊重する、リスペクトする思いやり、愛である必要がある。そしてそれは、相手の部分的な能力や特性を尊重する、あるいは評価・称賛することではなく、相手の存在そのものを尊重することなのだ。

第1章で谷川俊太郎さんが、人間は、宇宙内存在と社会内存在が重なっていると語っていることを紹介した。宇宙内存在は自然の一部、いのち・生きものとしての自分であり、社会内存在は、社会の一員としてその仕組みや他者とともに生きている自分である。他者のまなざしや評価、自尊心を感じるのは社会内存在としての自分であり、これは専門的には自我、エゴなどとも呼ばれる。

社会内存在である自我は、何かの有用性を評価されれば元気になる。しかし宇宙内存在としてのいのちは、そういう評価では、大きくも元気にもならない。いのちは、生きものとして尊重され、その存在の全体が愛されることで安定するといっていいだろう。今、子どもも大人も、どちらかといえば「評価」の世界に閉じ込められ、「評価」にさらされて生きているが、人間は同時に宇宙内存在でもあるので、生きものとしての存在を大事にすることを忘れてはいけない。宇宙内存在としての生きもの、とりわけ哺乳類《ほにゅうるい》は、仲間の世話をやく本能を持っていると思う。それなしには種の保存はできないからだ。思いやりやさしさ、愛情、互いのつながりを感じる力が生きものとしてのその特質なのだ。

第1章で、幼い時、腹痛を覚えたとき、親が「痛いか、そうか、よしよし」と腹をさすってくれたら、なぜか痛みが消えたという経験について触れた。その「よしよし」は思いやりと愛の「よしよし」である。子どもは、それによって自分の全体が、愛され、理解されていると感じるのだ。そういう愛のある関係の中に置かれることで、「自分はこの自分であって大丈夫なのだ」という感覚を得られる。これこそ人間が生きるために必要な感覚であり、私はそれを自己肯定感と呼んでいる。あれこれの部分的な能力や成績の評価とは関係なく、「自分が自分であって大丈夫」だという感覚が土台にあって、初めて、宇宙内存在としての自分は安定して生きていくことができるのだ。「自分はダメな人間だ」と自らを責めるのではなく、自分を慈しみ、自分の気持ちと共に生きることができるようになるのだ。

そんな関係が子どもの中に育つよう、大人は子どもとの関係をつくり直す必要がある。子どもを受け容れる「ストライクゾーン」を大きくして、子どもの目線で世界を見、子どもが感じていることに共感的に耳を傾けることが必要だ。いじめに遭ったり、学校でつらい思いをしたりしている子どもに寄り添い、そのつらさに耳を傾け、つらさを共にする心を持つことが大事である。いずれも、子どもへの愛がなくてはできないことだ。自己肯定感は、愛によってふくらむのである。

ただ、子どもを「評価」することに慣れ、それが当たり前になっている大人には、こうした接し方が難しい場合がある。子どもの苦しみ、痛みに寄り添う前に、「情けないやつだなあ」「なぜもっと強くなれないのか」と否定的に評価し、どうすれば子どもを「強く」できるかを考え始める。「しんどい」とか「つらい」とかということを、「ダメさ」「弱さ」の証でしかないと考える大人が「傷ついた感情」を受け容れ寄り添うことなどできるわけがない。

そういう大人には、子どもは「つらさ」や「苦しさ」を表現しようとしない。心理療法の創始者の一人であるジークムント・フロイトは、大人になるということは、働くことができることであり、愛することができることだと言っている。過労死するほどバリバリ働いたとしても、愛を忘れてしまっては大人とはいえないのかもしれない。

「生きているだけで値打ちがありますね」

このことに関わって思い出す言葉がある。一九九五年の阪神・淡路大震災の少し後の時期、カウンセリングをしたあるお母さんの言葉である。お子さんが登校拒否で、「死にたい」と訴えるとのことだった。

（以下、本書で紹介するカウンセリングの様子はプライバシーに配慮して表現を一部変えている。また、「　」はクライエントの言葉、〈　〉はカウンセラーである私の言葉である）

「先生、震災を経験して気づかせてもらったことがあります」

〈なんですか？〉

「生きているだけで値打ちがありますね。私の子どもは確かに学校には行っていません。でも目の前でちゃんと生きてくれています。そのことのありがたさ、かけがえのない値打ちに気づかせてもらえました」「親って欲張りですねえ。子どもが生きていることなんて当たり前だと思っている。当たり前じゃないのですよね」

〈そうですね。一度に六〇〇〇人もの人が亡くなりましたものね〉

「でもそれを当たり前だと思っている。だから、あなたが生きていてくれて、本当にありがたいということを子どもに伝えることを忘れています。そして伝えていることといえば、勉強しなさい、いい成績をとりなさい、いい学校に行きなさい……そんなことばかり声高に伝えています」

「死にたい」と言う子どもと日々向き合う母親の言葉ゆえに、とても重みがある言葉だった。私は深く共感しながら、聴かせていただいた。子どもが登校拒否することは、親にとっては大きく心を揺さぶられる「地震」のような体験だが、現実の地震がさらに親の心を揺さぶったともいえる。

この方の場合、震災で人のいのちが危険な状態を目の当たりにして、はじめて「目が覚め」、大事なことに気づかされた。置き去りにしてきた大事なことを思い出したのである。この社会で生きているうちに、いつのまにか心に、「比べ癖」「世間体」という「垢《あか》」をつけてしまっていたのかもしれない。

震災自体は悲劇であり、多くの命が失われることはあってはならないことだ。防災・減災のためにもっと多くのことがなされなければならない。同時に、大地震が建物を揺さぶり、多くの壁が剥《は》がれ落ち、大きな犠牲を目にして、人の心が揺さぶられ、いつの間にか心にくっつけていた「垢」が剝がれ落ち、その中にあった本心が露わになったようなものだ。東日本大震災でもそういうことがあったかと思うが、震災という悲劇、非日常のできごとによって、私たちは日常の世界がどのように成り立っているのか、そこでの自分たちの人生がどうなっているのかを見直したという面がある。そういうことがある、ということから、私たちの心の今の状態を見つめ直してみることにも、大事な意味があるのではないか。

ひきこもっていたが元気になった事例

　登校拒否をしていたある若者の話を紹介しよう。彼は高二のときに登校できなくなった。一年休学したが、学校に復帰できず高校は中退、家にひきこもるようになった。その彼が家にひきこもっていた時、あるいきさつがあって、料理とケーキ作りに興味関心を持つようになった。

　両親は、息子が学校に行かず、働きもせず、料理やケーキ作りをして過ごしているのを、すぐに受け容れられなかった。その彼が、私のカウンセリングを受けに通ってきていた。ある日、彼は、「スポンジケーキを作っているのだけど、難しい」と言った。ケーキ作りの本を買ってきて、それを見ながら作っているようだった。


〈何が難しいの？〉

「具合が難しい」

〈どんな具合？〉

「まず材料の混ぜ具合、それからかき混ぜないといけない、そのかき混ぜ具合。最後に焼く、その焼き具合が難しい」

〈なるほどそういう具合なあ〉

「先生、そういう具合って、いくら本読んでもわからへん。実際にやってみて、何回か失敗しながらやっとわかってくるものや」

〈なるほど、君、学校には行ってないけど、エエ勉強しているなあ〉

「そうやろ！　それからなあ、先生、ボク体力が落ちていることがわかったよ」

〈へえーっ、どういうこと？〉

「材料かき混ぜるときに結構力がいる。しばらくかき混ぜていたら、腕が疲れて動かんようになってくる。それで体力が落ちていることがよく分かった。明日から〝腕立て伏せ〟する」

〈ほおーっ！　体力も必要なんだ〉

「だから、先生、スポンジケーキひとつ作るのも大変や。ボクはスポンジケーキ成功させたら、少しは世の中に通用する自信がつくのやないかなあ」


私は彼の話に深い感銘を受けた。「彼のケーキ作りは、自分づくりでもある」と思った。次の週、彼はスポンジケーキを作って持ってきてくれた。しかし、だからといって、彼がすぐに学校に行けるようになったというわけではない。また、登校拒否はそういう問題でもない。ただ、そのことが彼の次へのステップになったのはたしかである。彼はその後、アルバイトに出られるようになる。生協のアルバイトで、そこでいろんな大人と出会い、話をしている間に、世の中にはいろんな価値観、考え方の人がいることに気づかされた。その刺激を受けて、彼は、もう一度勉強しなおしたいと思ったようだ。

今度は定時制の高校を受験し、通い始めたのである。以前は、学校に「行かねばならない」と考えて行っていたが、今度は「行きたい」と感じて通い始めたのである。彼は結局、五年間、カウンセリングに通ってきた。そしてあるとき、「先生、僕みたいな元気になってきた者はさっさと卒業しないと、あとがつかえているでしょう」「五年は長かったですねえ。でも、先生、ボクはその間に〝花がきれいだなあ〟と感じるようになりましたよ」と素敵な言葉を残して、カウンセリングを卒業してくれた。

生身の人間関係と自己肯定感と愛

彼は数年間、立ちどまり、自分と向き合い、自分と格闘し、古い自分に「さようなら」をし、新しい自分に「こんにちは」をする、「生み」の仕事をしたのである。その間に「花がきれいだなあ」と思える心――生きものの「魂」といってもいい――が追いついてきたのだ。特に感じるのは、失敗したり、試行錯誤を繰り返したりすることで「具合、加減、呼吸」がわかってくる体験の大切さである。その「具合、加減、呼吸」を体得しながら、何かをつくり上げ、達成していく体験。そういう体験を、今の子どもたちはどれだけできているだろうか。

一九八〇年代くらいまではどこでも、地域の異年齢集団の中で、子ども同士がぶつかり合いながら、遊びの中で「具合、加減、呼吸」を体得していくことができていた。今、そんな異年齢集団も遊びもあまり見かけなくなった。子どもたちは、スマホ相手にゲームをしている。それで、人間同士がつき合う「具合、加減、呼吸」を身につけることができるだろうか。

子どもが生身の人間関係の中で、試行錯誤を繰り返して、自分を「差し出し」、相手に関わらせていけば、相手の反応を通して、人間どうしが一緒に生きていく上での「具合、加減、呼吸」がわかってくる。他者と関わるときに、何とかなるだろうという手応えを体得することもできるだろう。マニュアルに頼るのではなく、他者と直接関わり、ちょうどよい「具合、加減、呼吸」による「関係性」が育つのだ。

一般にマニュアルは、「対象」をうまく操作するためのもので（「取扱説明書」のように）、対象への一方的な関わり方になりがちである。人間同士の間では、大事なのは相手との「対話」である。直接自分を「差し出し」、働きかけてみて、相手からの反応、「跳ね返り」の感触を確かめながら、また働きかける。そういう相互作用を通じて、相手と互いに理解しあい、自分の考えや希望に共感してもらうこともあれば、気づいていなかった問題に気づき、自分の考えが変わるということもある。「言うことを聞いてもらう」プロセス、あるいは対話というのはそういうものであり、何かを他者とともになす、何かをつくり上げるというのは、それの積み重ねでしか進まない。それをすれば、「対話的」な関係の中で、調和的に何かができあがっていく手応えが得られ、他者や他者との関係への信頼感が生まれるのだ。

その体験は、「自分が自分であって大丈夫」という自己肯定感をふくらませるうえで、大きな意味を持つ。自分を「差し出し」、それに他者が何らかの応答をするという関係は、それ自体が、お互いの存在を無条件で承認し尊重することを含んでいる。それが可能であることや、そういう関係をつくるための「具合、加減、呼吸」が体験的にわかっている人はそうすることができる。これは、マニュアルに従って、一方的に対象を操作するだけでは手に入らない。

「自分が自分であって大丈夫」という自己肯定感があれば、「あるがままの自分と共に生きる」ことができる。あるがままの自分と共に生きる、という言い方は一般的には奇妙に聞こえるかもしれないが、それが難しくなっているということは第1章で述べたとおりだ。「あるがままの自分」は、先ほどふれた「宇宙内存在」であり、したがって内なる自然とつながっている。

大ヒットした「アナと雪の女王」という映画は、「ありのままの自分」という言葉がキーワードだった。主人公の一人、雪の女王エルサは、すべてを凍らせる魔力を持っているが、それを自分でコントロールできず妹のアナを傷つけてしまう。しかし、アナは、エルサのことを大切に思い続け、謀略に巻き込まれ危険にさらされたエルサを命がけで守ろうとする。エルサもまたアナを心から思いやった時、魔力で凍りついていたアナが再生するという場面があった。つまり魔力をコントロールしたのは愛だったのだ。私には、これは暗示的な気がした。

この作品はもちろんファンタジーだが、話を戻して現実の人間の場合を考えると、「あるがままの自分」には、やはりある意味で「魔力」が備わっているといえるかもしれない。自然のままの人間が秘めていて、ある条件や主体的な意志・努力によって開花する能力を、そのような「魔力」だと比喩《ひゆ》的にとらえてみてほしい。私は、あるがままの自分が、その「魔力」を「精製」し、自分自身や自分につながる自然、あるいは世の中に適合する形で発揮することが、自分を生きることではないかと思う。「精製」とは、秘められた人間的力を具体的に発揮できるよう訓練することである。そしてそれを助けるのは、他者からの「評価」ではなく「愛」なのだ。

人の存在を丸ごと抱きしめる愛の力

人間も他の動物と同じ生きものである。そこには、ほぼ四〇億年の生命の歴史が刻まれているといっていい。私たちが今生きているということは、四〇億年の生きものの生命の歴史に支えられ、生かされているということだ。私という個人に限っても、数えきれない私の先祖が、生命を愛によってバトンタッチして生き継いできたからこその存在である。ちなみに、今、現在この私がこの世に存在するためには、二七世代前まで辿《たど》れば、一億人を超える祖先（一億三四二二万七七二八人）がいることになる。そのうちの一人が欠けても、今、私はこの世に存在していないことになる。このように私たち一人ひとりがその生命を生きながら、後の生命が生きる地球や社会へと、愛によって生命のバトンを継いでいるのだ。

昔、登校拒否をしていたある子どもの父親が、「月に宇宙船を着地させられる時代に、子ども一人を学校に『着地』させることができないのですか？」と言うのを聞いたことがある。月に宇宙船を着地させたのは人類の智慧《ちえ》、科学・技術の目覚ましい発展の成果だが、子どもは宇宙船のような機械ではなく、愛によって生命を生き継いでいく生きものである。生きものは、機械のように操って思い通りに動かすことはできない。

機械を動かしたり直したりする主体は人だが、ひきこもる子どもを元気にする主体は本人自身である。周囲の人ができるのはそれを手伝うことだけだ。生命には自分で自分を治し、元気にしていく自己再生のはたらきがある。他者は、そのはたらきが活性化するように手伝うことができるが、その手伝いの本質は、愛によって当事者の自己肯定感をふくらませることにある。当事者の到達点を他者が「評価」するやり方では再生はできない。それだと、当事者の生命のはたらきを活性化させるどころか、しぼませてしまったり、「こんなダメな自分は消えたほうがいい」と自己否定させてしまったりするからだ。

三年間、中学でいじめられつづけながら、腹痛に耐えて休まずに通い続けた若者がいる。高校に進学したとたんに彼は学校に行けなくなった。彼のカウンセリングで次のようなやりとりがあった。

〈ぼくは三〇年間、カウンセラーとしてあなたのように学校に行けない人にたくさん会ってきた。そのなかで一つだけ確実に言えることがある。それは『こんなオレでもええんや』と思えるようになったら、元気になるということや。だから聞きたいのだけど、キミは自分のことをどう思っているのかな?〉

「自分が嫌いや」

〈そう。どうしてかな?〉

「みんな学校生活楽しんでいるのにボクは楽しめない。そんな自分が嫌い」

〈そうか。もう一つ聞いていいかな？　楽しめないのはいじめっ子のせいやろ（ウン）。だったら、僕ならいじめっ子を嫌いになるけど、キミは自分が嫌いになるのか？　どうしてかな？〉

「自分が悪いからや」

〈自分が悪いって？〉

「ボクは得意なものがなにもないし人と話すのが下手、だからいじめられる」


これはほんの一例でしかないが、こんなふうに思っている子ども・若者は少なくない。「今の子どもや若者は何でも他人のせいにする」ということを言う人がいるが、それは間違いだ。四〇年余り、カウンセリングで子どもや若者たちと向き合ってきた私が、いちばん悪戦苦闘してきたのは、彼らの内側に壁のように立ちふさがる、自分を責め、貶す、この「自己否定の心」である。自己否定感については、あらためて後の章で触れたいが、「自分が自分であって大丈夫」という自己肯定感は、この自己否定感に向き合い、どうしたらそれを乗り越えられるかを見つめる中で行き着いたものでもある。

自己肯定感は、たとえれば、その人が生きていくための「浮輪」のようなものだ。浮輪がしぼんでしまっていると沈んでしまうから、それをふくらませてやる必要がある。すると、世の荒波に翻弄されても溺れることなく泳いでいける。

愛が自己肯定感をふくらませると述べたが、それは、相手の存在丸ごとを肯定し、抱きしめる心で子どもに向き合うということだ。たとえば親は本来そういうものであり、子どもを無条件に愛するものである。ただ、その心を見失っている人が少なくないのも事実である。それは親自身の「心の浮輪」がふくらんでいないからだろう。評価と競争の荒波にもまれて自分自身を浮かばせるのに精一杯なのだろう。

競争社会で「勝たねばならない」という「焦り」、「見捨てられるかもしれない」という「不安」で心がこわばってしまっているのだ。そんな心で子どもの「しぼんだ浮輪」に「愛の息吹」を吹き込んでやることは困難だ。愛を吹き込んでいるつもりで、「焦り」や「不安」を吹き込んでしまっている場合もあるかもしれない。

親自身が自分の心にいっぱいになった「焦り」や「不安」を、吐き出して、心を軽くしなければならない。深い呼吸を心がけ、とくに吐く息を深く長く吐き出すことも一つの方法だ。緊張を緩める副交感神経が働いて、リラックスすることができるからである。あるいは自分の周囲の仲間同士で、お互いに「焦り」や「不安」を吐き出し、それを共感的に受け止め合える関係ができれば、親の「心の浮き輪」がふくらむだろう。

たとえば、「登校拒否・不登校問題全国連絡会」が毎年主催する「全国のつどい」では、参加者の親が互いに心についた「垢」を洗い落としあい、受容的、共感的に話を聴いてもらい合い、「焦り」や「不安」の代わりに「共感」と「愛」を互いに吹き込みあっている。「登校拒否・不登校問題全国連絡会」に参加する各地の「親の会」でも、そういう関係ができているといえる。その関係の中で、相手と「あい」、向き「あい」、語り「あい」、共感し「あい」、受容するという「あい尽くし」で、「自分が自分であって大丈夫」という自己肯定感を育みあう。これは語呂合わせではなく、「相手」「会う」「合う」「愛」など、「あい」という言葉には「つながる」という意味がこめられているのである。

3　行きつ戻りつしながら育つ大切さ

「ゆるし」と皮膚体験

子どもが赤ん坊の頃、おしめをかえてやる時に、「オシッコしたか、冷たいなあ、よしよし、いまオシメ替えてやるからなあ」「ウンチしたか、きもち悪いなあ、よしよし、いまオシメ替えてあげるからなあ」と自然に声掛けをしていた。この「よしよし」は、「評価」の「よしよし」ではない。「わかったよ」の「よしよし」であり、「オシッコやウンチしても大丈夫だよ」の「よしよし」だ。つまり「ゆるし」の「よしよし」なのである。

その時は、こんなことは意識していなかったが、後に勉強したことによれば、「皮膚」を通して刷りこまれた感覚イメージ（あたたかい、心地よい＝世界のイメージ）は、生命のはたらきを活性化するらしい。私たちの身体にはそういう生命の智慧《ちえ》ともいうべきものが埋め込まれているのだろう。それが順調にはたらくには、やはり自然に生じる、愛のある接し方が必要である。それは頭で考えて出てくるものではない。誰かに触れられる感覚、「肌の触れあい」が世代をこえて影響をおよぼすことが研究で報告されている。生命の智慧は皮膚にも埋め込まれているのだ。そうでない場合もあるが、人は親しい他者に軽く触れられるだけで、好意的な心理状態になる。気分がよくなったり気前がよくなったりするのである（傳田光洋『皮膚感覚と人間のこころ』新潮選書、二〇一三年）。

新生児の時、皮膚をきれいにされたり、なめられたりした「愛育ラット」は、自分の子どもにも同じような世話をし、そのような世話をされなかった「放置ラット」は成長後、自分の子どもの世話をしないといわれる。人間でも新生児期、幼児期の「皮膚体験」は、その後の脳の成長、そして性格や行動にも大きな影響を及ぼすと考えられる。新しい生命が世界に「触れる」経験は、大人になった私たちに想像をはるかに超える大きなものをもたらす。その時の幸福な、あるいは不幸な、皮膚体験は当事者だけではなく、次の世代にも受け継がれるのだ。

サルなどの動物は「毛づくろい」を通してコミュニケーションをする。人類が毛皮を脱いだのが一二〇万年前、言語を持つようになったのは二〇万年前。その間の一〇〇万年の間、人類はどのようにコミュニケーションをとってきたのだろうか。

人間は「毛づくろい」の代わりに、おしゃべりによって社会性を維持している。今日、ツイッター、ブログ、フェイスブックなどが盛んになるのは、「毛づくろい」の代償行為なのかもしれない。

人類が言葉を持たなかった一〇〇万年間は、「毛づくろい」も「おしゃべり」もできなかったと思われるが、身ぶり、手ぶり、声を含め、様々なスキンシップ――握手、抱擁、ハグ、頬《ほお》をすりあわせる、まなざしの交換など――がコミュニケーションの手段だったのではないだろうか。

WHO（世界保健機関）も提唱する「カンガルーケア」は、生まれてきた赤ちゃんを母親の胸にピッタリと抱かせ、双方の肌を接触させて保育することである。母乳の出がよくなる、赤ちゃんの眠りが深くなる、赤ちゃんの感染症の予防になる、親子の絆《きずな》が深くなる、などのメリットが指摘されている。たいへんな苦しい思いをして生まれてきた赤ちゃんだが、「肌のぬくもり」を感じ、全身しっかりと「抱かれている安心感、ぬくもり」を双方が感じている時には、ちっとも泣かないという。

「育む」という字は、「親鳥がひなを羽の下にいれて守る姿」である。ハグ（英語の「抱きしめる」）にも似た言葉だが、子どもが言葉を使えない間は、ハグが大事なコミュニケーションになる。それは何より、愛の表現になる。皮膚科学では「皮膚はこころ」と教わるそうである。生きものの原型は円筒形の筒のようなもので、その背中に上下に皺《しわ》ができ、それが皮膚の下にめり込んで脳や脊髄という中枢神経に変化した。だから、発生的にも「皮膚はこころ」ということがいえるかもしれない。誰かに触れられることで、心地よさを感じたり、鳥肌がたったりするのも皮膚の感覚である。

スキンシップや身体接触を伴う遊び

「人間は抱きしめられることによって、自分がこの世から望まれた存在であることを確認できる。そして人間やこの世界に対する根本的な信頼感といったものは幼児期にふんだんに与えられるスキンシップによって育てられる」（アシュレイ・モンタギュー『タッチング――親と子のふれあい』平凡社、一九七七年）

日本では昔から欧米に比べ親子のスキンシップの時間が長かったが、最近は短くなったようだ。欧米では自分を主張できるようになることを重視するから、子どもの部屋も親から切り離して育てるが、その分、スキンシップを大切にする。成人してからもタッチやハグでスキンシップがよく見られる。

日本も近年、個人主義が定着し、女性が外で働く時間も長くなり、その分、親子の距離を埋めるためにもスキンシップを大事にしないといけないはず。しかし、現実にはスキンシップの機会は減っているかもしれない。スキンシップの不足は、攻撃性やいらだちを強める。人と触れ合う楽しさを知らず、むしろそれに不安を感じて、他人との距離をとる子どもが増えている。「からだとことばのレッスン」で有名な竹内敏春さんは、レッスンを始めた一九七〇年代は身体のこわばっている一八～二〇歳の若者は一割もいなかったが、その後、若者の身体の多くがこわばっていると指摘している。

私が子どものころ、思い出すだけでも、「すもう」「Sケン」「馬跳び」「胴馬」など、他の子どもたちと身体接触や身体のぶつかりあいを伴う遊びが多くあった。そういう遊びによって、体感を通して相手を知り、相手と触れ合い、相手との関係の具合・加減・呼吸をはかることを体得してきたのだろうと思う。今の子どもたちは、そういう遊びをしなくなったこともあって、その分、身構え、身体を固くして、他人から距離を置くようになっているのではないだろうか。

私は講演でよく、現代では、「第二の誕生」、つまり、自我がめざめ身体も大人になり、親から離れ始める思春期が、「難産」になっていると話してきた。その原因は、①競争原理によって「産道」つまり社会に出ていくルートが狭くなっている、②新しい自己の誕生を支える自己肯定感がふくらんでない、の二つである。自己肯定感が希薄で安心がないので、思春期の子どもの心も身体もこわばっているように感じる。「第二の誕生」における「難産」の苦しみが噴出しているものの一つが登校拒否である。

生きものは安心した時に、身も心もゆるみ、柔らかくなるものだ。「よしよし、大丈夫だよ」とゆるされることで安心する。今の子どもたちは、「がんばれ！　このままでは将来どうなるかわからんぞ！」「期待に応えないと見捨てられるよ」と、「ゆるし」とは逆の「脅し」のメッセージに駆り立てられ、とりあえずの目標をめざしてがんばることを積み重ねて、大きくなっている。そのような思春期の子どもと向き合う大人は、優れた助産師のような大人でなければならないだろう。

マイナスの身体接触、虐待

殴る、蹴る、叩く、つねる、ひっかく、髪をひっぱるなどの虐待的な行為も、身体接触ではある。親が子どもに対しこういう身体接触を行うのは、子どもを自分の所有物として支配下に置こうとする行為である。自分の「分身」のようにわが子をとらえ、思い通りに育てようと躍起になった帰結という面もあるだろう。親自身が、子ども時代にやさしく温かいスキンシップを受けたことがなく、自分の子どもにそれができないということもあるようだ。

スキンシップという行為は、親密な間柄にある者同士が、愛情を込め、楽しく心地よく触れあうものである。しかし虐待の場合、子どもには「肌の触れ合い＝暴力」という図式が成立してしまっている。それは、一方が他方を支配するという関係によるものであり、触れることは触れられることという相互的な関係が成立していない。

スキンシップには働きかける側と働きかけられる側とがあるが、相手の肌に触れるときには、相手の肌から触れられる感覚があり、自他の融合感覚が生まれる。そこに「触れる」という感覚の、他の感覚にない特徴がある。触れる感覚と触れられる感覚が同時に実在するという「同時性」である。触れ合いという言葉があるように、これは「見る」「聞く」などと違い、「今・ここ」で両者が同時に実在しないと成り立たない。

この「触感覚」は、視覚や聴覚のあり方を基礎づける「根源的感覚」といわれる。身体で触れるだけがスキンシップではなく、場合によっては、心理的に触れる場合もこの感覚に含めていいかもしれない。ちょうど、「心に触れる」「琴線に触れる」という言葉もあるように。

触れ合いのなかで働く「触覚」は、主体と客体との間に距離がないから、相手を対象化するよりも、相手と一体になる融合化作用の方が強いといえる。相手の髪の柔らかさと肌のぬくもりの感触を感じることで、互いの心に伝わるものがあり「ああ、愛おしい」という気持ちが起こる。そういう関係の内に生まれ膨らんでいくのが私の提唱する「自分が自分であって大丈夫」という自己肯定感である。子どもが大人から一方的に「値踏み」されたり、「評価」されたりするのではなく、触れ合うことによって生きものとしての安心が生まれる。それは「今・ここ」での心と身体の「触れ愛」といってもいい。

生命の実物は「今・ここ」を生きている。

子どもは大人に比べると、過去や未来にとらわれていない。子どもの生命は「今・ここ」を生きているのだ。その「今・ここ」を充実させることなしに成長も発達も生きることの幸せもない。子どもの生命を愛するということは、「今・ここ」を大切にしてしっかりと寄り添うことである。大人の頭の中にある過去や未来は、子どもに向き合うとき、よけいなものになる。

その「今・ここ」がどれだけ守られているか、そのことを教えてくれる「ぼくがここに」という詩がある。これも、まどみちおさんの作品だ。

ぼくが　ここに

ぼくが　ここに　いるとき
ほかの　どんなものも
ぼくに　かさなって
ここに　いることは　できない

もしも　ゾウが　ここに　いるならば
そのゾウだけ
マメが　いるならば
その一つぶの　マメだけ
しか　ここに　いることは　できない

ああ　このちきゅうの　うえでは
こんなに　だいじに
まもられているのだ
どんなものが　どんなところに

いるときにも

その「いること」こそが
なににも　まして
すばらしいこと　として

物でもそうだが、何よりも生きものは生きて「今・ここ」にいる。それが「なににもましてすばらしいこと」だというこの詩を読む時、私はカウンセリングをしている病院の面接室を連想する。私の前にクライエントが座るとき、その席はそのクライエントのための指定席だ。他の誰も、その時間のその席には座ることはできない。宇宙にただ一人「そこにいる」のだと思いながら、私はクライエントの話に耳を傾ける。

私のカウンセラーとしての仕事も「今・ここ」が勝負である。クライエントからどんな言葉が出てくるかは、話してみないとわからない。生きているということは、その人が「いろんな気持ちや感情を感じる」ということだ。だから、その人が生きて「今・ここ」に存在していることを大切にして、そのことに寄り添うことは、その人が「今・ここ」で感じている気持ちや思いに寄り添うということである。

「この人が将来こうなってほしい、ああなってほしい」という私の思いに寄り添うことでは、それはもちろんない。この人が元気になってほしいという願いが私の中にあっても、その自分の願いに寄り添うのではない。目の前にいる「この人」の気持ちや思いに寄り添うのである。それこそ、心理臨床家がクライエントの「今・ここ」を大切にするということだ。

「今・ここ」の充実なしに次は来ない

話を戻して、子どもたちの「今・ここ」について。私たちはこの問題を真剣に考えなければならないと思う。

「パパとママにいわれなくても　しっかりとじぶんからきょうよりかあしたはもっとできるようにするから　もうおねがい　ゆるして　ゆるしてください　おねがいします
もうほんとうにおなじことはしません　ゆるして　きのうぜんぜんできなかったこと
これまでまいにちやってきたことをなおす　これまでどんだけあほみたいにあそんだか　あそぶってあほみたいだから　やめるから　もうぜったいぜったいやらないからね　ぜったいやくそくします」

二〇一八年三月二日、このノートを残して船戸結愛《ゆあ》ちゃんは栄養失調からくる敗血症で亡くなった。「目黒児童虐待死事件」と報じられたできごとである。当時の結愛ちゃんの体重は一二・二キロ（同年代の平均体重は約二〇キロ）だった。

彼女は毎朝四時ごろに起床し、ひらがなの練習をさせられていた。結愛ちゃんのノートに残されたこの言葉は、本人自身が自分の思いで書いたのか、それともお父さんに言われて書かされたのかは、わからない。ただ、いずれにしても、「きょうよりかあしたはもっとできるようにするから」という言葉が気になって仕方がない。今の子どもたちが置かれたつらい状況が現れているように思うからだ。

私は、少なくともこの部分は結愛ちゃん自身が自発的に思ったことではないと思う。五歳の子どもが自発的にこういうことを考えることはないからだ。おそらく、そう思うように強いられた言葉だろう。

全国各地に、教育・文化、子育て関連の会があり、招かれて話をすることがあるが、そうした団体が親向けのアンケート調査で、わが子について気になっていることを尋ねると、親はだいたい、「勉強」「将来」「友だち」などを選ぶ。その気持ちはわかる。ただ、どんなアンケートを見ても、「今、わが子がしあわせか?」という項目はない。私は、それが親にとって、一番気になることではないかと思うのだが。

「あるがまま」に寄り添うということは、「今・ここ」に寄り添うということである。一歳なら一歳のあるがまま、二歳なら二歳のあるがまま、三歳なら三歳のあるがままというものがある。それに寄り添うのでなく「早く、早く」と先を急がせると、「あるがまま」は見えなくなり「今・ここ」

の生命の営みがわからなくなってしまう。

私は昔から「各駅停車で、成長・発達すること」が大事だと言ってきた。じっくりと時間をかけて成長、発達するのを待ってやるということである。人間の発達のプロセスとは、そうやって十分な時間をかけ、行きつ戻りつしながら、初めて各段階の発達課題を乗り越えていけるものなのだ。また、何かが今できない場合、それには必ずわけがある。それがなぜかを見いだすこともできないで、大人が子どもに学習を押しつけたり、罰を与えたりするのは大人として失格といわねばならない。

「きょうよりもあしたはもっとできるようにするから」という結愛ちゃんの言葉を見て、大人によって彼女の「今・ここ」が奪われていたように感じられ、大変痛ましい気持ちになった。「どんだけ　あほみたいにあそんだか」「あそぶってあほみたいだから　やめるからもうぜったいぜったいやらないからね」――これらの言葉に涙が出る。こんなことを五歳の子どもに書かせる親や、その背後にある社会に対して心から怒りを覚える。子どもから遊びをとったら何が残るだろうか。

「遊びをせんとや　生まれけむ、戯れせんとや生まれけん、遊ぶ子どもの声きけば、我が身さへこそ　動かされ」（後白河院『梁塵秘抄』）。人は遊びをするために生まれてきた、ふざけるために生まれてきた。遊びに熱中する子どもの声を聞けば、自分まで身体が揺すられ、うずうずしてくる……という意味である。子どもは遊びの中で育つのだ。「遊び呆《ほう》ける」という言葉もあるように、遊びに夢中になって時間を忘れて遊ぶことで、子どもは「自分の時間の主人公」になることができる。

私は子どものころ、夏の原っぱで、空を翔けてくるギンヤンマの美しい飛び方に憧れた。糸の両端に小石を結びつけた仕掛けをつくり、「ホーイラー」と掛け声をあげて仕掛けを投げあげ、小石を虫と間違えて近づくギンヤンマの羽の間に仕掛けの糸がかかり、ギンヤンマが原っぱに落ちてくるのを捕まえる遊びに夢中になった――そのとき、私は自分の時間の主人公だった。その時間は輝ける時間として、私の心に残っている。

これは私自身の経験で恐縮だが、たとえばそんな「子どもの遊び文化」があった。異年齢集団の中で、年上の子どもから年下の子どもへとその遊び文化が伝えられた。そんな遊び文化が豊かにあった時代には、その遊びの中で、子どもはみんな時間を忘れて遊び呆けていたし、それを共有することで、実はいろいろなことを学び豊かに育っていたのである。

たとえば、年上の子どもは、年下の子どもの背丈に立って、遊び方や遊び技術を教えてやる。その時、相手の立場に立って大切なことを伝える技や言葉を身につけた。失敗を繰り返す試行錯誤の中で、具合、加減、呼吸を身体で覚え、遊びの技術や人間関係のつくり方を身につけていったのだ。「よい子」だった私が、その瞬間だけは「よい子」の桎梏《しっこく》から解放され、あるがままの自分を取り戻す時間だった。

「道」はそれ自身で意味を持っている

遊びとはつまり、子どもの時代に「目的という汚れ」がまだ生活を覆いつくしていない時代に戻ることを意味しているとM・シュリック（一八八二〜一九三六年。ドイツの哲学者・物理学者。論理実証主義とウイーン学団の創立者）は言う。彼が言う通り、子ども時代を「不完全」な時代、「実際の生活へのたんなる導入部また前触れ」であるとみることは間違いだろう。子ども時代は主として「遊びの時代、物事をそれ自身のために行う時代であり、それだけに人生の意味を真に体現している時代」といえる。教育は、人間のそうした遊びの側面を保持するように組織されなくてはならない。

すなわち、教育は「人が成人しても、そのひとの子どもとしての要素が少しも損なわれないよう、留意しなければならない」のだ。シュリックは、子どもに見いだされる価値ある性質に注意を喚起している点で、正しいといえる。しかし、今の学校では「遊び呆けて」いてはだめだ、試験でよい点数を取り、受験に合格するよう、時には苦しいまでの努力をして、一所懸命勉強しなさいと教え込まれる。そのようなありようは、しばしば、子どもたちの独創性、自発性という性質、そしてより一般的には、人生を楽しむ能力に望ましくない影響を与えるに違いない。

むろん、将来の目的に集中することは、人生を真剣に受け止める方向へと私たちを導くかもしれない。しかし、その一方で、人生の他の側面、すなわち幸福になることに対する視力を失わせてしまう（O・ハンフリング著『意味の探求――人生論の哲学入門』玉川大学出版部、一九九二年、参照）。

シュリックが「目的」と言っているのは将来の目的である。国や企業の役に立つ有能な人材になって裕福な生活をするという目的は、それがかなえられない場合がもちろんあり得るから、目的の成功による満足は、失敗による不満足と表裏一体の関係にある。とくに今日の「格差社会」ではレースのスタート地点で不利な状況に置かれている人が少なくない。その人たちは、自分が落伍者だと感じ絶望したり、人生は無意味であると感じたりするかもしれないのだ。

そういう人たちも、シュリックのいう遊びの精神を失わなければ、「目的」にこだわらず、人生を楽しみながら生きる余地を残すことができるだろう。しかし、人類が目的思考の入らない人生をなくすことはできないことも事実である。人間は、「なぜ生きているのか」「何のために生きるのか」という問いから逃れることができないからだ。こうした問いとまったく無縁に生きることができる人がもしいるとすれば、幼児期に退行した人がそうかもしれない。

ただ、ハンフリングによれば、シュリックが主張するのは、そういう幼児化のことではない。彼の主張は「人間には、目的という概念、すなわち過去と未来とを見通す能力を失わずとも、『目的による穢《けが》れ』を振るい落とす能力が備わっている」ということだという。私たちは目的に妥当な重要性を認めながら、目的に至る過程を遊びのように楽しむこともできる。少々長くなるが、ハンフリングの次の言葉が述べていることを、私たちは「今・ここ」の歴史の地点でよく吟味すべきではないだろうか。

「私たちが旅する道は、いずれどこかに通ずる。しかしその際に理解しておくべき重要なことは、その道のどの部分もそれ自身で固有の意味をもっているということである。それはあたかも山道を歩けば、それが頂上に通じる道であってもなくても、一歩毎に素晴らしい展望を臨むことができるようなものである。旅の楽しみは頂上に到達できるかどうかに依存するものであってはならない。これまで述べたように、目的に対する過度の関心は、人生の自発的で遊興的な側面を大きく損なうことになる」

今この瞬間の「楽しい」に没頭する

ある脳科学の研究者の方は、二人の女の子（当時二歳と五歳）の父親である。「仕事大好き人間」のその方が、仕事よりも、子どもの方が好きになったと述べていた。子どもと一緒にいると、何も考えずに、今この瞬間の「楽しい！」に没頭できるからだという。

フランスの哲学者ラ・ブリュイエール（一六四五〜一六九六年）は、「子どもには過去も未来もない、だから現在を楽しむ」（『カラクテール――当世風俗誌』岩波書店）と書いている。つまり、子どもは未来を想像することも過去を振り返ることもなく、ただ〝今〟を生きている、一方、大人は過去を後悔したり、将来に不安や心配を抱えて、頭の中でアレコレと考えたりしながら生きているというわけだ。

過去や未来に関わりなく「今・ここ」を生きる活動がまさに「遊び」にほかならない。それゆえに、子どもに寄り添い、うまく付き合うためには、童心にかえって一緒に「今・ここ」を楽しむことが大事だ。しかし、それを今の社会や教育はとても困難にしているのかもしれない。付け加えれば、自分の時間の主人公になって何かに夢中になることで、人間は「生きるエネルギー」を蓄えることができると思う。「登校拒否」「ひきこもり」をしている期間を「エネルギーの充電期」とよくいうのは、そういうことだ。充電期だから、「負い目」や「罪悪感」を貯めこむ必要はないのである。

自分の時間の主人公になって遊ぶことのできる子ども時代に、大人になっても受けつがれる人格の土台、基礎がつくられる。その人格の土台、基礎がつくられる子ども時代を、競争環境に置かれた学校や家庭で「テスト漬け」「勉強漬け」の生活を送れば、どうなるか、想像がつく。たとえば、子ども時代の「頑張り屋」の「よい子」の自分が、大人になっても心の中に居つき、自分を苦しめることになりかねないのだ。

私の知る四〇代の男性にこんな人がいる。彼は、「追いつけない、落ちこぼれるのではないか」という怖さを常に抱えており、それが苦しいと訴える。競争的でお互いが張り合っているような、ぎすぎすした雰囲気の職場もそれに拍車をかけていた。そういう環境を変えれば、少し楽になるのではないかと、結局、その職場を辞め転職したが、それでもつらくしんどいという。

そして結局、自分の中に抱え込んでいる問題があることに気づき、その問題と向き合わないといけないことになったのである。彼は有能で、役に立っていないと自分の価値を感じることができず、そんな自分はいてはいけないように感じてしまう——そういう存在レベルの安心の欠如が問題だと教えられた。彼は以前から、その問題にはうすうす気づいていて、わかっているつもりでいたが、それまではごまかしてきたのである。初めて、まともに、逃げようもなく向き合うことになった、そういうしんどさだった。

しんどくなるときにはいくつかのパターンがあり、たとえば、すぐに自分を人と比べてしまう時、「こんなことはできて当たり前だ」と思うことができない時、そういう時に周囲の人が自分をどう見ているだろうかと思う時などなどだった。自分が必要とされていないようで、取り残されている感じがして、しんどくなるのである。

このしんどさは、子ども時代の根っこから出てきている「症状」だった。子ども時代に彼の中につくられた、「こうありたい、こうあるべき」という自分に一所懸命なろうとしている「よい子」が、「こうあるべき」から外れている自分を攻撃、否定してつらくなっていたのだ。その「よい子」の自分は小さい頃の自分であり、一所懸命にがんばって父親の期待する自分になろうとしてきた姿だった。父親に「いやだ」と言えなかった自分である。その自分がいまだにがんばって彼を支配していたのだ。

心理カウンセラーの役割

私がカウンセラー（セラピスト）としてクライエントと向き合う時、いつも私は「あなたは誰ですか?」という問いを抱いている。カウンセリングの最初に、「今日はどんなお話をなさいますか?」と聞くのもそのためだ。すでに述べたように、そう導入すると、戸惑う人が少なくない。自分から自発的に語れない人が多いのだ。他者からの、指示や期待に応えて生きている人が多いのか、こちらが何を期待しているのか、それがわかれば話すと言わんばかりの人もいる。

「私は誰だろうか?」という問いに答えるということは、端的にいえば、「私はこういう場合に、こういうふうに感じる人です」ということだ。「私は彼からこう言われた時に、こんなふうに悲しかった」と語り、あるいは映画を見て感動したことを語り、なぜ、そんなに悲しかったのか、感動したのか、その意味を考え、理解することで「私は誰か」がわかってくる。つまり「私はこういう感じ方をする人間です」という履歴が「私は誰だろうか?」の答えになるのである。

だとすれば、「私は誰か?」がわからないということは、自分がどういう感じ方をして生きているのかがわからないということになる。そういう人は、自分の心の扉をたたく感情や気持ちに耳を傾けることなく、置き去りにして生きているのではないだろうか?

カウンセラーとしての私は、クライエントの語るエピソード(そこには経験した事実とそのときに感じたこと、思ったことが含まれる)に強い興味と関心をもって耳を傾ける。そうすることによって、彼・彼女が自分の心に耳を傾け、自分の感情や気持ちを聴き取る手伝いをするのだ。

そして彼・彼女が語る感情や気持ちを「共感的」「受容的」に受けとめる。たとえば、登校拒否の子どもが「死にたい」と言った時に、「死にたいぐらいにつらいんだね」と応答したりする。それによって「あなたはそう感じるのですね、そう感じるあなたをそのまま受け止めますよ」というメッセージを送っているのだ。

そのことを通して、クライエントに、自分が意味のあるエピソードに満ちた人生を生きている主人公であることに気づいてもらいたい。「ああ、私はあの時、本当はこんなふうに感じていたのだ」と、自分の「あるがままの感情」に気づいてもらいたい。そのことを通じ、「私はこのように感じる私であっていいのだ」と自分を見直し、尊重し、受け容れる――つまり「自分が自分であって大丈夫」なのだと安心してもらいたいのである。

多くの悩めるクライエントは「こんな感じ方をする自分はちょっとおかしいのではないか?」と思っている。「自分のこんな気持ちは誰にもわかってもらえない」と違和感や孤立感を抱いている。そのことが彼・彼女をよけいに苦しめている。そうではなく、「自分の感じ方や気持ちだってわかってもらえるのだ。変なんじゃない」と安心してもらいたい。

人はオンリーワンのＤＮＡに刻印されているように、一人ひとりみんな違う持ち味をもって生きている。自分の人生を生きるのは自分しかおらず、誰もが自分の人生のかけがえのない主人公なのである。カウンセラーとしての私の願いは、クライエントが自分の人生の「主人公」であることを自覚し、引き受けて生きてくれることにある。その主人公の心を支えるのが「自分が自分であって大丈夫」という自己肯定感である。

個人は「丸ごと」の存在

第1章で日本国憲法の第一三条（個人の尊重）にふれて、「これは他者をリスペクトするということだ」という趣旨のことを述べた。同時にこの条項は、私の言葉で言い換えれば、「自分が自分であること」が尊重される、つまり自己肯定感を前提にした人間関係の基礎になるものでもある。その意味で私は、自分の仕事を、憲法一三条を最先端で実現することだと思っている。

この条項には、「すべて国民は、個人として尊重される」とある。「個人」とは英語ではindividualと書く。divide（分ける）に由来するdividual（分割できる）という言葉に、否定の接頭辞inがついたものであり、「もうこれ以上分けられない存在」という意味を含んでいる。

「これ以上分けられない一つのまとまりをもつ存在」が「個人」なのだから、「個人として尊重される」とは、一人ひとりが「丸ごと」の存在として尊重されるということだ。氏や素性、血筋や門閥、性や宗教、思想などその個人の属性や所属している集団に関わりなく、一人ひとりが、「丸ごと」の存在として尊重されるということだ。また、その個人の持つ属性や性能が、特定のそれ――たとえば国や企業の役に立つというような――だから尊重されるということでも、もちろんない。

よく、子どもの持つ優れた部分的な資質・能力をとりだし、それを伸ばすことをもって、「個性を尊重する教育」だという人がいる。しかし、個性とは本来、ある部分的特性や能力を指すものではない。個性とはそういう部分的な特性や能力――英語に堪能《たんのう》だとかパソコンに詳しいなど――ではなく、「個人」という「丸ごと」の存在が持つ「持ち味」のことである。「個性を尊重する教育」というのであれば、本来は「丸ごと」の個人の持つ「持ち味」を尊重するということ、「あるがままのあなたでいい」ということになるべきだろう。

また、そもそも「生きもの」は、メダカであろうが、トンボであろうが、何であろうが一つひとつが「丸ごと」で存在している。生きものは、臓器、骨格、筋肉など個々の部分だけでは存在できない。それらが結びつき組織された「丸ごと」である時に、初めて存在できる。生きものが「ある」ということは、必ず「丸ごと」でそこに「ある」ということだ。それが部分に分けられたら、もはや「生きもの」ではなく死んだものになってしまう。「生きもの」として子ども一人ひとりの「あるがまま」を尊重するということは、「丸ごと」を尊重するということにほかならない。

「咲いた　咲いた　チューリップの花が　並んだ　並んだ　赤　白　黄色　どの花みてもきれいだな」という歌（チューリップの歌）がある。チューリップの花は、たとえば、赤が一番、白が二番、黄色が三番というふうに、美しさのランキングのようなものがあるわけではなく、「どの花みてもきれいだな」と、それぞれの「持ち味」があるものとして歌われている。美しさを比べて順位をつけることはできないということだ。しかも、それぞれの色のチューリップの花は、他の色のチューリップの花が一緒に咲いていることによって、その「持ち味」を互いに引き立てあっている。足を引っぱりあうのではなく、引き立て合う関係だ。

「自分らしさ」という言葉

近年、「自分らしく」という言葉がよく使われるようになった。それは、他者から「あなたはこうでないといけない」「あなたはこうあるべき」と自分のあり方を押し付けられることから「自分を守る」意味の言葉かもしれない。ただ、それが他方で、「自分らしさ」というイメージされた自分像の中に自分を閉じ込める働きをしていないだろうか。

たとえば、「がんばり屋」といわれる人は、しばしば、「がんばり屋」であることが「自分らしさ」だと思い込む。「泣き言を言ったり」「弱音を吐いたりする」自分は「自分らしくない」と思い込んでいたりする。「自分からがんばりをとったら、なにも残らない」と言ったりもする。たとえば、このような「自分らしさ」は、「がんばり屋」という枠の中に自分を閉じ込めているように見えないだろうか。

本来の「あるがまま」の自分という存在は、自分の小さな頭の中に思い描く「自分」像よりも、はるかに大きいものだ。「自分」という存在を氷山にたとえれば、「自分らしい」と思い込んでいる「自分」は、海の上に見えている氷山の一角にすぎない。その一角を見て、私たちは「氷山」のイメージをつくってしまっているが、氷山の一〇分の九は海面下に沈んでいて見えていないのだ。それと同じように、「自分らしい自分」と思い込んでいる自分以外の自分は、自分でも気づかないままに「自分像」から排除されている場合があるのである。

「がんばり屋」の例でいえば、「泣き言を言いたい自分」も「弱音を吐く自分」も大事な自分の一部である。それを抑えつけ無視して生きているとすれば、その人は自分の丸ごとを包摂しないで、多くの「自分」を排除して生きていることになる。

丸ごとの自分は、「いろんな自分」が住んでいる共同体みたいなものである。「自分らしくない」自分は邪魔者だと排除して生きていれば、たとえばそれは、「社会的弱者」を尊重しない社会と同じようなもので、いつの間にか、現在の経済運営や企業・国家のあり方のように、資質や能力をもち、売りもの、使いものになるような人間ばかりを大事にすることになってしまうだろう。

「自分らしさ」という言葉には、そういうリスクもあることを考えておいてほしい。私が「自分が自分であって大丈夫」という「自己肯定感」という言葉に込めたのは、そういうリスクにも目配りした、「あるがままのあなたでいいよ」というメッセージである。一九七〇年代半ばに登校拒否・不登校の子どもが急増し始めてから半世紀近く、子どもたちの「生きづらさ」と心理臨床家として向き合ってきた経験から生まれたメッセージである。

ところで、時代はさかのぼるが、ぜひ味わってほしい言葉がある。吉野源三郎は一九三七年に刊行された小説『君たちはどう生きるか』（岩波書店）の中で、主人公のコペル君の叔父さんに、こう語らせている。

「まず肝心なことは、いつでも自分が本当に感じたことや、真実、心を動かされたことから出発して、その意味を考えてゆくことだと思う。君が何かしみじみと感じたり、心の底から思ったりしたことを、少しもゴマ化してはいけない（中略）もしも君が、学校でこう教えられ、世間でもそれが立派なこととして通っているからといって、ただそれだけで、いわれたとおりに行動し、教えられたとおりに生きてゆこうとするならば――コペル君、いいか、それじゃあ、君はいつまでたっても、一人前の人間にはなれないんだ。（中略）世間には、他人の眼に立派に見えるように、見えるようにと振舞っている人が、ずいぶんある。そういう人は、自分がひとの目にどう映るかということを、一番気にするようになって、ほんとうの自分、ありのままの自分がどんなものかということを、つい、お留守にしてしまうものだ。僕は、君にそんな人になってもらいたくないと思う」

日中戦争が始まった年、国が進める侵略戦争に批判的な意見を持つ者は「非国民」とされた時代に出版されたこの作品の中で、吉野さんが当時の若者たちに伝えたこの言葉が、奇しくも、今の時代に私たちの心に深く響くということの意味をぜひ考えていただきたい。現代以上に、周りの目が個人を監視し国家意思の枠にはめようとしていた時代。あの時代に日本という国家が進めた侵略戦争は、大変な犠牲を出し、世界史の中で否定され、反省されるべき対象となっている。そんな国家の意思が個人に対し強いたものに、吉野源三郎さんは警鐘を鳴らしていたのだ。それが現代の日本でも、今なお警鐘を鳴らしているように感じるのは私だけだろうか。時代も社会状況も大きく違うもののの、ある種の似た構図があるのではないか。

「あるがまま」を尊重すると人間が怠惰に?

「自分は、〝あなたはあるがままでいいのだよ〟とは思わない。〝あるがまま〟ってことは、自分の未熟さを開き直って受け容れているに過ぎない。人間として生まれてきたからには、〝あるがまま〟ではいられない。自分を成長させ続ける努力が必要」

「あるがままでいいなんて言っていると、人間が何もしないグータラ人間になってしまう」

このように、「あるがまま」とは「現状のまま」であり、「あるがままでいい」というやさしい言葉によって、相手を現状に置き去りにする逃げ文句だと思う人もいる。こうしたとらえ方は、「あるがまま」を「現状のまま」と誤解し、閉じ込めている。「あるがまま」という言葉の曖昧さも手伝って、その意味が正しく理解されていないのかもしれない。

けれども、「あるがまま」を認めることは「安易に流れる自分」「未熟な自分」をそのまま受け容れることになることと同じではない。不登校だったある女子中学生が教育研究集会の「登校拒否・不登校」の分科会に母親と共に参加し、次のように話してくれた。

「いま、私は自分が好きです。『あるがままの自分でいいのだ』と思えるようになって、自分が好きになりました。そうすると、心が楽になって『あれもしたい、これもしたい』という意欲が湧いてくるようになりました。いまは、毎日自分の満足のいくように過ごしたいと思います」

この話は心理臨床家として登校拒否の子どもと向き合ってきた私には、とても納得できるものだ。彼女の話には二つの大事なポイントが含まれている。一つめは「『あるがままの自分でいいのだ』と思えるようになって自分が好きになった」ということ。二つめは「そうすると心が楽になって、『あれもしたいこれもしたい』という意欲が湧いてきた」ということである。この二つのポイントを教育に生かすことができるならば、多くの子どもたちが救われるだろう。

「よい子」は一般に周囲の評価は高いことが多いのだが、反面で自分が好きではないことが少ない。なぜだろうか? 「……ねばならない」に心を縛られて、自由にあるがままにものを感じ、本心から生じる気持ちに正直に生きることができないからだ。

「あるがままの自分」を置き去りにして生きているから、そんな自分が好きになれないのだ。この女子中学生の場合、「あるがままの自分」でいいのだと思えるようになって心が解放され、その結果、自分が好きになれた。そして、そうすると心が自由になって「こうしたい」「ああしたい」と本心からの意欲が生じるようになった。

生命力が一段と高まる「第二の誕生」（思春期）を迎え、人生の主人公として自立への胎動が始まるころ、それまで「よい子」とされてきた子が、しばしば、自分のあり方に違和感を持ちはじめ、脱皮を始める――そういうことはよくある。その脱皮は周囲の無理解のなかで命がけの脱皮になることもある。

そのような子どもの発達の姿に触れてきた私には、「あるがまま」を認めたら人間が自堕落になり、成長や発達に向かって努力しなくなるのではないかという疑問や心配は、まったく無用だと感じられる。それは、人間の成長や発達が見せる実際の姿を知らない人の考えであり、「妄想」に等しいものであるとさえ思う。

教育は、国や企業の役に立つ「人材」を育てることが目的ではなく、人格を育てることが目的であることを思いだしてほしい。「あるがまま」を尊重すれば、子どもが成長に向けて努力したりがんばったりしなくなるのでは、というのは、「しょせん子どもは恐怖心によってしかコントロールされない」「人間（人材）はアメとムチで操作しないとがんばらない」という、人材を操作して動かすことに馴れた権力者の発想、人間観から生じるものではないだろうか。

第3章　自己否定感をこえて

1　現在の世界と人間

社会内存在、宇宙内存在

「自分」とは、「個体」であり、大きな「いのち」を「分有」していることを指して「自分」という、と私は理解している。人間はその意味で自然の一部だが、同時に人間固有の仕組みも持った存在だ。それが「自我」というものである。この点について少しだけ説明しておこう。

大きな「いのち」は自然の全体である。自然の中には生物も無生物も存在しているが、その全体が連関し合い、働きかけ合い、常に変化しながらも一定の状態に調整されて、この地球に多くの生きものが存在し続けられる環境をつくっている。地球は太陽からエネルギーを受け取るなどしているから、この連関した自然環境は宇宙全体の一部でもあるが、生命を育むこうした大きな環境は、そういう意味で生きて活動しており、自然界に生きている生きものは、そこから個々の「いのち」を分有しているといえる。

また、個々の「いのち」はつながっており、植物も動物も、「個体」として存在しつつ、生態系のような形で、それぞれの「個体」が他の「いのち」と結びついている。個体として存在する動物が、植物や他の動物など、他の「いのち」を食べ、分け合って生きているのは、そのわかりやすい一例だ。それも「いのち」を「分有」している姿の一つである。個体として一見独立しているけれど、実は他の「いのち」とつながり、相互に依存し合っているのだ。

このように、「大きないのち」の「分けいのち」が結びついて生きているうち、人間は、進化の過程で社会を形成して生きるようになり、この地球上で繁栄をきわめてきた。人間は一人では生きていくことはできないが、群れ、つながって、高度な仕組みを持つ社会を形成し、ある意味で地球上の生きものの中では、その頂点のような位置に立つようになった。

人間の発展をもたらしたのが、その社会にあることは明らかである。他者とともに生きる――社会を形成する――ことで人間は大きな力を手にした。そして、この人間社会の中で生きるための適応装置、あるいはそのはたらきが、個々の人間には備わっている。それが自我である。自我についてはさまざまな人が多くの説明をしているが、私なりにいえば、「分けいのち」としての人間が、それぞれの持ち味を生かして、社会の中で生きていこうとする意識がその本質にある。

人間が他の動物と違うところは、「自分」という認識(自意識)を持っている点だ。他の動物もいのちを分けられた「個体」として存在しているが、その「個体」として分けられたいのちを「自分」と意識はしていないだろう。しかし人間にはその「自分」という認識がある。

それは、一面では系統発生、つまり進化の過程で成立したものであり、他面では個体発生上、つまり赤ん坊として生まれた後の「個人」としての発達のうえで生じる。個人が他者とともに生活する中で、社会の中の「自分」という意識が目覚めるのである。他者と共に生きる、社会を形成しているからこそ、目覚める意識だといえる。

自分は、大きな「いのち」を分有した個体だが、自己と他者という意識を持つようになり、その自分が他者とともにつくる社会の中でどんな役割を果たすのか、自分は他者の間でどんな存在かということを意識するようになる――この認識が自我の本質である。社会の姿は、人類の歴史の中でさまざまに変わってきたから、おそらく、それぞれの時代ごとに、自我のありようは異なっていただろう。こうした「自我」の存在は、「自分」というものが「社会内存在」であることを示している。

さて、一方、「分けいのち」である、地球上のいのちは約四〇億年前に、大宇宙の星の爆発から生まれた元素（炭素、窒素、水素、酸素など）が地球の海の底で結合して生まれた。人間を含め、どんな生きものであってもそこから進化が始まって、今日のような姿になった。その意味で、どんな「いのち」も、もともとは「宇宙内存在」である。人間は今日では「社会内存在」であるという意識を強く持っているが、それは同時に「宇宙内存在」だ。第1章で詩人の谷川俊太郎さんの言葉として紹介した、人間は「宇宙内存在と社会内存在が重なっている」ということを、私は以上のように理解している。

ノルウェーの高校の哲学の教師ヨースタイン・ゴルデルが書いたファンタジー小説『ソフィーの世界』は、ある少女に「あなたは誰?」と問うことから始まり、「ビッグバン―私たちも星屑なんだ」という結びで終わっている。一九九一年に出版され、日本でも一九九五年に翻訳・刊行された（池田香代子訳、日本放送出版協会）世界的ベストセラーだ。宇宙の星にも誕生と終わりがあり、星が砕けてまき散らした元素、炭素や窒素、酸素や水素が、奇跡の星・地球の海の底で結びついて、いのちが誕生した。それが「いのち」の物語の始まりである。それは進化の中で多様な生物を生み出し、人間もその中で登場した。

自我が強くはたらきすぎている

第1章、第2章で何度か、自分というもののこの二つの側面に触れてきたので、おわかりかと思うが、問題は「社会内存在」としての自分が過剰になっている、つまり「自我」が強く働きすぎてしまっている点にある。

「社会内存在」としての自分が、社会に適応して生きるためにはたらくのが自我である。今、たとえば私たち日本人が生きているのは、資本主義社会であり、生きるためには、多くの場合、雇ってもらう先を見つけて働く、つまり自分の労働力を売り、金銭的な報酬を得て、それを生活の糧《かて》にして暮らす社会である。私たちの生活は、金銭や財産の獲得、所有によって支えられているが、その源泉である雇用を得るためには、厳しい競争もあるのが現実だ。

その競争は、すでに何度か触れたように、端的にいえば、「使える人材」として自分を売り込む競争であり、偏差値の高い高校、大学をめざすというのも、その指標として学校のランキングを意識しているからである。本当の意味で学ぶ楽しさ、面白さを追い求めるような進学指導がなされているケースはごく限られているだろう。そういう状況がここ数十年、次第に広がってきたと感じるが、これは当事者（子ども）の自我がそうさせているという面がある（もちろん、親や教師の自我も影響を与えている）。当事者が自らそうした競争を目指すのは、自我があるからだ。

自我は社会への適応装置だから、それは自然なことなのだが、その結果として適応した競争社会は、以前にもまして激しい競争が起きており、勝者と敗者の区別もより鮮明になっている。敗者となった人は社会内存在としては元気を失い、敗者ではない人も、いろんな意味で競争がストレスになってしまう場合が少なくない。いずれにしても、社会内存在としての自分というものが過剰になりがちなのが現代の日本である。

しかし、もう一つの自分、宇宙内存在としての自分というものがある。社会内存在の自分が過剰になると、宇宙内存在としての自分が見えなくなってしまうが、生きている限り、それがなくなることはないのだ。宇宙内存在としての自分は、持って生まれ、あるいは成長の中で獲得した、さまざまな持ち味を持っている。社会内存在として社会に適応して生きていくという枠組みより、それははるかに広い世界である。

この効率とスピード優先の競争社会では、ついついスピーディに仕事をこなす人材が引き立ち、ゆっくり丁寧に仕事をする人は「のろま」で「愚図」な人材として軽視されがちだが、それは社会内存在として狭い視野での見方でしかない偏った見方である。たとえば、今の子どもたちの学校生活を「高速道路」を走るような生活になぞらえて話すならば、登校拒否（不登校）の問題も、次のように理解することができる。

子どもにも持って生まれた持ち味というものがあり、要領よく、スマートにスピーディに物事をこなす子どももいれば、きめ細かくゆっくりと丁寧に仕事をこなす子どももいる。生きものである子どもにも、その子にふさわしい快適なテンポやリズム、ペースというものがある。「高速道路」のペースが合うという子もいれば、このペースではどうしてもオーバーペースになるという子がいても不思議ではない。

そういう子の中には、「このペースで走り続ければ、疲れて事故を起こしそうだ」「自分が自分でなくなって、おかしくなってしまいそうだ」と感じる子どもが出てきてもおかしくない。そういう子どもが、ドライブインに入って、自分を取り戻す仕事をするのが、登校拒否の期間であると、私は考えている。その子どもたちも、十分に自分を取り戻す時間を持ち、「自分が自分であって大丈夫」という自己肯定感をふくらませれば、持ち味を発揮する機会を得て、生き生きと活性化するのである。

宇宙内存在としての自分は、大宇宙の無相の「大きないのち」を分有した「分けいのち」だ。いのちそのものである。いのちは金銭、財産などの所有といった社会的に価値があるとされるものによって活性化するものではない。生きものとしての「あるがまま」の姿が活性化するのは、生きるのに適した自然環境、また、親を含む他者から尊重され、愛され、応答・共感しあう人間関係においてである。

そうしたことを忘れ、「分けいのち」の上に乗って生きているということを自覚しない人が少なくない。さまざまな持ち味を持った「分けいのち」が、自分を生きる真の主人公であることを忘れ、その「分けいのち」がつくった適応装置にすぎない「自我」が、あたかも自分の主人であるかのように錯覚しているのではないだろうか。

グローバル化、新自由主義

東西冷戦が終わった一九九〇年代初頭以降に、アメリカ流の「弱肉強食」の資本主義が世界に広がった。強欲な資本、金融資本が、さらなる利潤追求のために世界を覆った。新自由主義などと呼ばれる、市場原理を至高のものと考える経済政策が、日本を含め、多くの国で全盛となった。国家は経済への規制を次々に外し、多くのことを市場競争に任せるべきとされた。

その結果、たとえば、企業の中で弱い立場にある労働者を守るための労働法制が規制緩和され、非正規雇用が拡大した。それがもたらしたのは、貧困と格差の拡大であり、過労死や「ワーキング・プア」の増加、「ブラック企業」などに見られるような、「ルールなき資本主義」「モラルなき社会」である。多くの労働者の人権がふみにじられ、資本主義と民主主義の両立が困難という様相を呈してもいる。こうしたゆがみの中で、人々の「人材」競争が激化しているのは、これまでに述べてきた通りだ。

市場競争を至高とする方向性においては、個人としての国民に対する公的な財政支出はどんどん減らす方向に働く。医療や介護、教育などを民間に任せるという考え方が強まるからで、公的年金や生活保護の給付が減らされ、あるいは国民健康保険制度の改悪で医療費の国民負担が増えているのもその表れである。こうした一方で、市場競争を活性化するため、多くの付加価値を供給する主体すなわち大企業を支援する政策がとられ、多国籍大企業への減税や補助は「充実」させる（その分を埋めるために、消費税増税などの庶民増税が進む）といういびつな税・財政のありようが露わになっている。

グローバルな規模で展開している金融資本は、実体経済と乖離《かいり》している。実体経済は、生きものとしての人間の活動であり、身体的、生理的な欲求に根ざしているという面がある。衣食住すべて、生きものである人間がいのちを守り、維持し、再生産を可能にするためのものである。しかし、大企業、金融機関に巨大な資本が蓄積されてくると、それを投資して巨額の金融的儲けを追求する衝動が強まるのだ。株式や債券、通貨などが本来表していたはずの企業の現実の経済活動から遊離し、投機的な形で増殖しようとする。「失われた二〇年」「失われた三〇年」などといわれ、長期に経済成長が止まっている日本で、株価だけは上昇を続けていることを見ても、その異常は明らかである。

資本主義社会における私企業（株式会社）は、競争の中で常に淘汰《とうた》されるリスクにさらされており、利潤を追求し続けなければ存続できない存在だ。私企業とくに巨大な多国籍企業が、この社会にさまざまないびつな状態をもたらしながら利潤追求に走っているのは、そうした資本制の本質に根差すものといってよい。それは、生きものとしての人間とは無関係に利潤を追い求め続ける。本来であれば、生きものとしての人間が、その欲求を満たし、幸せに暮らすために行われるべき経済活動が、利潤追求それ自体を目的にするようになっている。

こうした時代になり、オンラインの株取引や投資に参入する個人もいる。お金が手に入り、あるいは虚栄心や射幸心も満たされるかもしれないが、実体経済から遊離した投資は、一種の「バブル経済」であり、いつかははじけるリスクをはらんでいる。また、「弱肉強食」や利己主義、格差と貧困の拡大を当然視したり容認したりすることになるから、人間の心にも否定的な影を落としているのではないか。他者との「いのち」のレベルのつながり（愛）を見失い、蔑《ないがし》ろにしてしまうだろう。

一言でいえば、こうした社会は、「分けいのち」である人間が相互に支え合い、尊重し合いながら、幸せな生活をつくりあげる共同体としての社会ではないと思う。実際、今の社会において人々の意識はどうなっているだろうか。たとえば人々は、「人材」としての能力を発揮できれば、一定の雇用、収入という形で社会的に承認され（アメ）、それができなければ生活不安や孤立の危機に遭う（ムチ）という脅しにさいなまれているのではないか。歪《ゆが》んだ競争に参加し、勝つことが、人間の生きる目標であるかのように錯覚させられていないか。

また、そんな一方で、近隣諸国への敵対的な関係と「愛国心」が煽《あお》られている。政治家の言葉やメディアを通じ、日本社会の外側に「敵」があるという意識が多くの日本人に刻印されていき、社会の内側にある問題から目がそらされる。競争の「敗者」に対してもそれは同様である。競争社会への批判が社会的に大きくなっていかない背景には、こうした大きな構造もあるのではないか。

以上、ざっと概観しただけでも、政策がらみ、国がらみで、経済的「強者」の欲が、国境を越えて広がり、いのちが生きる場を侵食しているのが、今日のグローバリズムであるように見えてならない。

元気になる障害となるもの

こんな世界では、「丸ごと」のいのちとしての人間ではなく、その一部の性能を「人材」として注目するという傾向が強まるのは、無理もない。宇宙内存在としての人間、人間の「丸ごと性」が軽視され見失われているもとで、つらさやしんどさを抱えた人に必要なのは、自身の「丸ごと性」の回復である。自分の丸ごとを尊重し、受け容れることで「丸ごと性」を取り戻していき、癒されるのだ。自分の丸ごとを肯定する「自己肯定感」が、今ほど大切な時はない。

心理カウンセラーとして、「自分」のことを否定的にとらえる人にたくさん出会い、「自分は情けないダメなやつだ」「こんな自分は消えたほうがましだ」といった、「自分を丸ごと否定する」人の言葉を数多く聴いてきた。クライエントが自己肯定感を持ち、元気になる障害になってきたのが、さまざまな形で人の心を縛っている「自己否定感」である。壁のように立ちふさがる「自己否定感」から、いかにその人を解放できるかということを、いつも考えてきた。以下、節をあらためて、この自己否定感がどこからくるのかを考えてみたい。

2　自分に対する認識はどうなっているか

ある感情をめぐるカウンセリング例から

人の「気分」は天候のように変わることがある。しかし、「感情」となると、そういうことはない。感情は、自分に対する何らかの認識が土台になって生じているものであり、その認識が変わらない限り、一貫したものとして存在し続けるからだ。

たとえば、「腹が立つ」という感情が生じた時の状況をよく見つめてみれば、その感情が生じる理由はわかってくる。その時の、自分への認識をときほぐし、腹が立った理由を明らかにするのを手伝うのも心理カウンセラーの仕事である。

職場の同僚が嫌で、その人と顔を合わせるとなぜか腹が立ってストレスになるというクライエントとのやりとりを再現してみよう。

〈どうして嫌なのかな?〉

「何となく嫌だ」

〈何となくじゃわからないでしょ、嫌ってどういう感じなのか?〉

「……うーん。ずるい」

〈なるほど、ずるいから嫌なのか? それから?〉

「まだあるのかな? 何か『幼稚な』ところが見え隠れする。それを見ると『エーッ』という感じになる。それにその人は周りの人を操ってうまく自分にかまってもらえるようにする。私は放っておいてもやれると思われているのか、かまってもらえない。私はこんなにがんばっているのに……」

〈なるほど、それで私はこんなにがんばっているのに、あの人だけかまってもらえる「ずるい」「腹が立つ」ということになるのね?〉

「そうです、そうです」

〈で、その人は、あなたが「えーっ」と思うような「幼稚な」ところを見せると、周囲がかまってやらないといけないような感じがする?〉

「そうですね。その通りです。『どんなところが嫌なのか』と聞かれて、『ずるい』と『幼稚』ということが、一つずつ出てきたけれどそれはつながっていなかった。でも、話を聴いてもらっているうちに、それがつながった。しかも、自分は一所懸命『がんばっている』のに……という『不満』や、その人に対する『妬《ねた》み』があることにも気がついた。それに、自分の中にも『かまってもらいたい自分』がいることにも気がついた。でも、そんな自分は『恥ずかしい自分』だから押し殺していた。そんな自分が出てこないように『がんばっていた』」

……たとえばこんなふうに、クライエントは、ある人のことを「嫌だ、腹立たしい」という感情を感じながら、なぜ「嫌」なのかよくわかっていなかった。「なんとなく嫌だ」としか言えなかった。しかし、そのことについて、カウンセラーに手伝われて話しているうちに、その理由（正体）がわかるようになった。思いがけず、そこには「自分」に対する認識が介在していたこともわかった。

この例は、クライエントの、ある人への嫌悪感に関してであるが、自分自身に対する自己否定感の場合も、自分の心とよく向き合ってみれば、理由が見えてくるはずだ。ところが多くの人は、余裕がないのか、その力がないのか、自分の心に向き合うことをしなくなっているように見える。だから、自分はダメだ、死にたいなどと感じたまま、動けなくなっているような状態にある。正体不明の感情に絡まれ、身動きとれなくなっている状態、といえばいいだろうか。

「地図」としての自己イメージ、社会イメージ

先ほどのクライエントは、それまで、一所懸命「強い自分」をつくってがんばって生きてきたとも言っていた。自分の中に「未熟で弱い自分」がいても、その自分を押し殺してきたという。その

「未熟で弱い自分」を押し殺して、「強い自分」をアピールしていれば、いずれ「未熟で弱い自分」はいなくなって、「強い自分」だけが残るだろうと思ってがんばってきたというのだ。

私はその話を聴き、「そんなふうに思っている人もいるのか」と驚いた。〝出てきてもらいたくない「未熟で弱い自分」を押し殺して「強い自分」だけでがんばっていれば、出てきてもらいたくない自分は消えてなくなる〟などということはありえない。逆である。その押し殺され続ける「未熟で弱い自分」は、「丸ごとの自分」の仲間に入れてもらえないことによって自分の出番や成長の機会を与えられなくなる。そして、いつまでも「未熟で弱い自分」として「恨み」を抱きながら、自分の中に存在し続ける。

格好のよい、世間受けする「強い自分」をアピールし続けても、それは「厚化粧」して世間に見せているようなものだ。本当に「強い人間」になっているわけではなく、「厚化粧」がはげたら「化けの皮」がはげることになる。すでに述べたように、「あるがまま」の自分は「丸ごと」の自分である。「消えてしまいたいようなダメな自分」も「あるがまま」の自分の仲間として受け容れて、一緒に生きてやらないと、自分は成長しない。比喩《ひゆ》的にいえば、ある種の自分を拒否し続け、受け容れないでいると、自分の中のその部分が「成仏」せず、いずれ「症状」や「問題行動」という「化け物」のようになって自分の生きるじゃまをし始める、ということがあるのだ。

生きている自分は「丸ごと」で生きているが、その中には、「いろんな自分」がいる。その中に「気に入らない自分」がいるからといって、それを押し殺して生きるということは、どだい無理な話であり、それでは本当の意味で成長することができないのだ。

誰にとっても「自分とは何か?」という問いは一番の問いであるはず。その答えは、いろんなレベルであり得る。「自分はできる人間だ」とか「要領が悪い」「賢い」「自分はダメだ」など、人は自分についてのいろいろな「思い込み」を持って生きている。その思い込みを「自己イメージ」とか「自己概念」という。

その「自己イメージ」や「自己概念」は、その人の行動や人生をも大きく左右する。人の行動は、周囲の環境によってのみ決まるわけではないのだ。人は一般に、「自分」が行動したり自分の人生を生きたりする主体だと思っている。その「自分」を自分自身がどう見ているかがその人の行動に影響するのは当然だ。

たとえば、「自分はダメなやつだ」という自己イメージを持っていれば、その人の行動は消極的になり、人生に対して積極的にチャレンジできなくなる場合が少なくないだろう。「自分は賢い人間だ」という自己イメージの人は、自信にあふれ何事に対しても堂々と意見を言うことが多いかもしれない。そのように、自己イメージが何らかの行動を引き出すことは少なくないのである。その意味で自己イメージは、行き先を示す地図のような役目を果たしているともいえる。

問題はそのような「自己イメージ」が「あるがまま」の自分を正しく反映しているかどうかということだ。まちがった地図が、現実の場所を正しく示すことができないのに似て、自己イメージが「あるがままの自分」を本当に反映せず、歪んだり、偏ったりしている場合、それが「地図」のように機能して導いた行動が、本来の自分の求めていたものと異なってしまったり、行き詰まってしまったり、人生を混迷させてしまったりすることにもなる。

先ほどのクライエントのように、「強い自分」を無理やりつくり、自己イメージとしてもそれをとりこんだとしたらどうだろうか。自分は強いという思いが強く、仕事で長時間過密労働を強いられても受け入れたり、同僚との競争に没頭したりして、体調を崩してしまうということもあり得るのではないか。そうやって身体が悲鳴を上げても、「自分は強い」という自己イメージがあるがために、過剰に働き続けてしまうかもしれない。

また、自分の現に生きている社会をどう見ているかということも、その人の行動や人生を左右することはいうまでもない。「学歴社会だから、がんばって勉強していい大学に行けば人生どうにかなる」という人もいるだろう。しかし、ちょうど、地図が正確でなければ道に迷ってしまうように、その社会イメージが現実の社会を正しく反映していなければ、その人の人生が迷い道に入り、行き詰ってしまうこともあり得るのだ。

自己イメージや社会イメージが正しいかどうかは、それを見る枠組みによっても左右される。「大きな視野をとるか、近くの範囲を見るか」「生命や社会の成り立ちも視野に入れるか、とりあえずの利益を注目するか」など、枠組みの大小によって見えるものは違ってくるからだ。大きな縮尺の地図か、小さな縮尺のそれかで、見えるものが違うのと同じである。そして、どんな枠組みで自分や社会を見るのかに関わらず、それとは別の枠組みがあるのだということを理解しておくことが大切だ。自分の持っている自己イメージや社会イメージがすべてではないし、もしかしたら実際の自分や社会を正しく反映していない場合もあるのかもしれないという、自分自身を「対象化」したとらえ方をすることで、道に迷ったときに方向を考え直すことも、より容易になる。

自己否定感をもたらす認識の枠組み

自己否定感の話に戻そう。「自分はダメなやつ」「消えた方がよい」などと非常に否定的な自己イメージを持っている人の場合も、どんな枠組みで自分や社会を認識しているのかということがその背景にはあるはずだ。

すでに述べたように、今の社会の支配的な価値観は、市場競争による経済発展を至高のものとする考え方だといっていいだろう。そういうあり方を支えることのできる「人材」であるかどうかによって、人間が評価されている。

それが子どもの生活にも侵食していて、本来なら、「人格」、つまり人生の主人公としての人間を育てる学校教育が、現在は「人材」を育てることに偏してしまっている。もちろん、「うちは市場で生き残れる人材を育てています」というような小学校があるわけではないが、学歴競争の中で高い偏差値や有名大学をめざすということは、つまりは「この社会で評価され、高収入を得る」という道を目指すことになる。教育において競争が激化しているということは、そのような教育と経済の関係が社会を覆う度合いが、従来以上に強まっていて、そうではない道、そこから外れる道が狭まっているということだ。

子ども時代から、そういう価値観のもとに置かれ、人が「人材」扱いされるのが当たり前になっているから、子どもや若者も、自分を「人材」として見るようになっていく。「人材」として役に立つ資質・能力を身につけているかどうかで、人間の価値が測られる世界で生きているのだ。そのモノサシが生活のすべてという状態に近い人生であるとすれば、そのモノサシで見て評価が低ければ――具体的には偏差値が低いとか「ランク」の低い学校にしか進学できないなどの状況に置かれれば――「自分はダメなやつだ」という自己否定感にとらわれることになりかねない。「自分にはこういうダメなところがある」という部分否定ではなく、「自分はダメな人間なのだ」と、丸ごとの自分を責める自己否定になってしまうのは、そこに理由がある。

これは、市場競争による経済発展を至高ととらえる社会イメージ、そこにおける自己イメージが強すぎるからだが、それは多くの場合、おそらく目の前の生活や利益に注目する枠組みで、自分自身や社会を見ているからである。目の前の生活をいいものにするためには、高収入が望ましい、そのためには成長する企業に就職するのがいい、といった具体的なイメージがそこには見える。しかし、社会や自分を見る枠組みをもう少し広げてみてはどうか。

仮に「目の前の生活」を度外視してもいいとなった時、みなさんはどのように生きていこうと考えるだろうか。たとえば、行きたい場所に行き、おいしいものを食べ、飲む、自分の好きなことで自営業を開く、自分の思う方法で何かを表現する、人と交わりながら何かをつくり上げる、身体を鍛えスポーツを楽しむ、愛する人と愛を交わし共に生きる――こうした「いのちが喜ぶような体験」をしたいと思う人もいるのではないか。

これは、単に好きなことをして暮らすということではない。生命としての自分を大切にするということである。それは「人材」として、社会内存在の自分を生きるということよりも大きな枠組み、宇宙内存在としての自分を生きるということになり、したがって、自分が「人材」としてどう評価されているかということとは、あまり関係なくなる。先ほど見たような自己否定感が入ってくることはない生き方だ。

もちろん、これは仮定の話であり、現実には高額の不労所得でもないことには成就しないから、思考実験のようなものだが、しかし、「人材」競争に特徴づけられる、目の前の生活に注目した枠組みとは別の、自分や社会を見る枠組みがあり得るのだということは、この仮定の話でわかる。実際に、そういう枠組みで自分を見つめなおし、現在の日本で支配的な市場競争を至高とする価値観ではないあり方を模索して生きている人も少なくないから、不労所得がなくても、「人材」として自分をとらえなくて済むような道の可能性はあり得るだろう。少なくとも、自己否定感にさいなまれて、苦しい日々を送らなくても済む可能性はいくらでもあるはずだ。

社会、自分を見る枠組みの相対化

また、目の前の生活はもちろん大事だが、そこばかりを見るのではなく、少し引いて社会全体の仕組みを考えることも大切である。たとえば次のような見方ができるのではないか。

——人は「人材」として働き、得た賃金で自分たちのつくったモノやサービス、つまり商品を買って生活している。この商品の回転が資本主義を持続させている。そのもとで暮らす人間が、生活し、あるいは生活水準を上げようとすればするほど、資本は増殖し、資本主義は活性化する。今の日本のように市場競争が至高とされるタイプの資本主義のもとでは、それが活性化すればするほど、人間はいっそう厳しい「人材」競争にまきこまれる——。

目の前の生活のために、激しい「人材」競争を勝ち抜こうとし、その結果として、ますます「人材」競争が強まっているのではないか。自分の子どもの世代には、自分の時以上の激しい競争が待っている、ということにもなりかねない。それが果たして、人間としての自分やその子どもたちにとって幸せなことだろうか。「人材」競争の中身は、すでに見たように格差と貧困の拡大、社会保障の切り下げなどを含め、様々な生きづらさを含んだものであり、それらは、ごく一握りの大企業や、その意向を受けた政治家などが明確な意志を持ってつくっているものである。そういう「人材」競争のためだけに生きる、あるいはそういうシステムを再生産していくというような人生に対し、そこまで見えた時、「なんやバカバカしい」と感じる人もいると思う。一回しかない人生を、そんなことのために費やしていいのか、と。

世間で支配的な価値観というものは、このように論理的に考えてみると、決して絶対的なものではないことに気づく。実際に、日本とはタイプの異なる資本主義の国もある。社会のしくみを大きくとらえるということは、それを見る枠組みを相対化するうえでは大事なことである。

「人材」競争のために生きる人生を、バカバカしいと感じれば、その中で役に立っていなかったとしても、そのことで自分を否定する必要はない。自己否定感もまたバカバカしく、かつ大宇宙のいのちの「分けいのち」として生きる自分に申し訳ないことのようにも見えてくるだろう。視野が開け、「井の中の蛙」のように狭い視野で自分を見ていたと感じるかもしれない。

先ほど述べたような「いのちが喜ぶ体験」のいくつかを実際にしてみれば、そうした気づきが得られやすい。旅行に行く、おいしいものを食べる、素敵な音楽を聴く、スポーツをする……たとえばそうした体験を無心で楽しんだとき、心地よく、時に感動さえ得られるのは、それを生命が求めているからだ。それは生命の実物が「今・ここ」を生きる体験であり、生きものとしての自分を大切にするという実体験である。

それは、「人材」として管理される、「使われてなんぼ」の時間とは違い、「時間の主人公」になる体験ともいえる。そうした体験を積み重ねることで、「人材」として管理され使われるだけの人生ではなく、生きもの、生命としての自分を生きることと、その大切さが、身をもってわかってくる。その体験が、知的な大きな枠組みでの理解に血肉を与えるだろう（拙著『自己肯定感を抱きしめて――命はかくも愛おしい』新日本出版社、二〇一八年、をご覧ください）。

「自分」の観念、あるいは心

この自己イメージ、つまり自分というものへの認識は、人間に固有のものである。自分自身で何かをするという意味では、たとえば自動運転する自動車のように、AI（人工知能）を内蔵した機械（自己制御機械）もそうではある。自分で自分を制御・調整する機械、あたかも自分が自分の行動を制御しているかのような印象を与える。しかし、「制御」とは、制御するという動詞の「主語になる存在」と、制御の「目的の存在」を前提とした概念である。誰が何のために自己制御するのかを考えてみると、自己制御機械の場合は、その目的は、作った人や使う人によって与えられ、機械自身が自分だけで決定しているわけではない。AIはしたがって、自分についても、自分だけで何かを認識しているわけではないのだ（人間がつくったAIの「自己イメージ」的なものはプログラムされている場合があるかもしれないが）。

それは裏返していえば、AIや自動制御機械には「心」があるわけではないということである。主語となる存在をXとすれば、「目的を自分で決定し行動を制御」とみなせる場合にのみ、「Xは心を持つ」といえる。なお、人間の心には人間を行為へと動機づける「鼓舞的調整」（感情過程）とその行為を目的実現にむける「執行的調整」（認知過程）がある。

人間の心はその二つの調整機能によって、目的の実現に向かい、目的を達成する働きをするわけで、それゆえに人間はこのXたりえる。「自分」が「自分」で決めたある目的のために、「自分」を制御しているのだから。そして、厳密にいえば人間だけがXたりえる、つまり「心」を持つといえる。

他の動物も「心がある」とみなせるという人もいるにちがいない。しかし、他の動物は、「自分」という言葉や観念を持っていないがゆえに、人間のような「心」は持っていないとみなすことができる。人間の脳の仕組みはまだよく解明されていない部分があるが、行為の主体として「自分」という言葉や観念を、脳が人間に持たせる働きをしていることは事実である。では、ある人間が「人材」として、使用者の決めたある目的を達成するために働く場合、その時のこの人の「心」はどういう状態にあるのか。

自分や家族が食べていくために、金銭の報酬を得ることを目的に、雇用され働く（労働力を売る）というのが、この人の心だといってよい。目的は「食っていく」「生存していく」ことにある。すると、もし仮に、それだけのために働いているのであれば、他の動物と同様に生きものである限りまぬがれない自然の生理に従っているだけのことになるのではないか。そうした働き方は、人間以外の動物と似てくるといえるかもしれない。

もちろん、この人の場合も、労働以外の生活の中で、「自然の生理」の範囲を超えた、目的や行動を持っているかもしれない。仕事は生活費を稼ぐため、と割り切って、それ以外の時間で好きなことをする、「いのちが喜ぶこと」をするという考え方の人はたくさんいる（以前に比べそれがいろんな意味で難しくなってきているとも思われるが）。だから、逆にいえば、生存のための働き方が自分の生活時間の大半を占めているとすれば、人間らしい生き方ができているとは、あるいは「自分の心」があるとは、いえないのではないかという疑問も湧く。

人間としての心を持っていても、その「心」を封印し、押し殺して生きていることになるのではないか、自分が自分であることができていないのではないか、という疑問だ。登校拒否の子どもの中には、「学校では自分が自分であることができない」と話す子どもが少なくないということを紹介したが、子どもの場合も同じようなことがあるだろう。

マズローの欲求階層説

ところで、マズローの欲求階層説によれば、人間は低次の欲求を満たされることによって、より高次の欲求を持てるようになっていく。一番低次の基本的な欲求は、生理的な欲求だ。その次が安定・安心の欲求、その次が所属と愛情の欲求、その上が承認の欲求。そして最上級が自己実現の欲求ということになっている。高次にいくほど、人間的な心になっていくといえるだろう。腹が減って食うのにも不自由するという、生存するための一番基礎の生理的な欲求が満たされていない状態にあれば、家で安心して眠りたい、安定した仕事につきたいという欲求も出てこないだろう。安定した仕事につき、住むところを確保して安心できるという安定や安心の欲求が満たされなければ、誰かに愛されたい、家族を持ちたいという人間的な欲求も出てこない。

すでに述べたように、今、少なくない若者たちは、安定した仕事も住居も持てないような状況だ。

そういう状況で、恋人を持ち、結婚して家族を持ちたいという人間的な欲求は出てこない。だから、彼らが結婚して、子どもを持ちたいという人間的な気持ちになるためには、安定した仕事や安心して住むことができる住居が手に入るような環境を提供しなければならない。

それを不十分なままに放置しておいて、「少子化」問題を解決していくことはできないだろう。また、安定した仕事や住居を確保し、結婚して愛情ある家庭をつくり、子どもを育てるという人間的な欲求が満たされるようになって、はじめて、世間に認められたい、何か社会的に役立つことをして社会から承認されたいという欲求も出てくるが、今の社会はそうした欲求を持つことも難しいという面があるだろう。

下位の欲求が満たされて、はじめて上位の欲求を持てるようになるとすれば、自分のことよりも他人のことを考えてあげようという思いやりの気持ちを持てるようになるためには、まず自分が満たされていなければならない。お互いがそういう高次の欲求を持った大人になるためには、他人のより低次の欲求を満たしてあげる助け合いも必要になる。コロナ禍の中で、食べるのにも困る人々が出てきて、その人たちを助けるボランティアが行われたのは、そのような人間的な心の発露であるように思われる。

さらに、マズローの欲求階層説によれば、自己実現という最高次の欲求は「成長欲求」であり、それが満たされても、より高いものを求めて成長していく欲求だとされる。それに対してそれ未満の欲求は「欠乏欲求」であり、それが満たされれば満足するものである。その欠乏を満たすことができなければ、どうしてもそれを満たさないと次に行けない、そういう欲求だ。

だから、欠乏欲求が強い時には、その欲求を満たすことが重視され、その欲求を満たすために必要な相手かどうかによって他人の価値を測ることになりがちだ。この人は自分の飢えを満たすのに役立つのか？　この人は自分を承認し、ほめてくれる人なのか？　相手の話を聞くにしても、相手が自分の欠乏、求めているものを満たしてくれるかどうかによって、相手の話に熱心に耳を傾けるかどうかが左右されることにもなりそうだ。

自己実現欲求を持ち自分の人間的な成長を目指すことができる人は、すでに欠乏欲求は満たされており、相手の「あるがまま」の存在丸ごとを受け容れ、愛することのできる心の余裕を持つことができるだろう。だが、より基本的で低次な欲求が満たされていない時には、それを満たすことができなければ、生存自体が危うく、「大丈夫」と思えない。

だから他者からの愛の援助がなければ「自分が自分であって大丈夫」という自己肯定感を持つことは難しいだろう。だが、人類はすでに全人類の生理的欲求、安定と安心の欲求を満たすことができるほどの物質的・経済的な生産力は達成しているはずだ。それが全人類にまで分配されないのは、世界の政治経済システムのつくりだしている歪んだ桎梏《しっこく》のせいである。なぜそれが克服できないのか？　これが世界の最大の課題になっているのではないかと思う。生理的欲求のうえの、「所属や愛情の欲求」「承認の欲求」のレベルの世界が、「価値観」の対立を起こしているのは、いちばん基礎的な、食べて生存するための生理的な欲求を満たすことも困難なほどに、貧困、「格差」の大きな社会になっているからではないだろうか。

三つの絶対的事実

なぜ人間の脳だけが「自分」という観念を人間に持たせるはたらきをするのだろうか。進化の過程で人間の脳はそういうはたらきを獲得したのか。なぜそういう進化の道をたどったのか。他の動物は何かをしても「自分がやった」という観念を持たないのに、なぜ人間だけが「自分がやった」と自覚できるのか。

「責任」「社会」「死」「物語」などといった観念は、「自分」という観念がなければ、生じない。自分がやったという観念や自覚なしに「責任」という観念は出てこないし、思いや行為の主体としての自分（と他者）という観念がなければ、「社会」というものもイメージできないだろう。固有の存在としての自分という自覚がなければ、その「自分」が存在しなくなるという「死」の観念も持ちえない。人間は人生という物語を生きているといえるが、死によってそれが終わると認識するからこそ、人生が一つの「物語」として観念できるわけである。

私は二二歳の時、京都の安泰寺で接心（絶え間ない座禅による修行）をしたことがある。そのお寺にいた内山興正さんという老師が大変偉い方であるということを後に知った。内山老師は、人が生きていることについて、①（生命としての）自分は必ず死ぬ、②自分の人生は自分にしか生きられない、③（生命を持って）生きる自分はすべてとつながっている、という三つの事実を、誰も否定できない絶対的事実としてあげている。

この絶対的事実を自覚できるのは自分だけである。人間は、この三つの絶対的事実をふまえて生きることで、より人間らしい「大人」の心を持てるようになると思う。そして、これまで述べてきた今の社会の状況をふまえていえば、現在の社会のしくみは、そういう人間らしい大人の心への成長を困難にしているといわざるをえない。

生きている生命としての「自分」は、部分で生きるのではなく「丸ごと」を生きている。その持ち味が個性だ。個性は、「いろいろな自分」、いろいろな特性、能力が結びつき協働し、それが調和しバランスがとれることで成り立つもので、たとえばオーケストラのようなものといっていい。オーケストラは、いろいろな音色でいろいろな旋律を奏でる多様な楽器が協働することで、一つの楽器では表現できない音楽をつくりあげる。それと同様に、人間は、「いろいろな自分」を丸ごと抱え込んで、それぞれの特徴を生かして、全体としての一つの個性＝持ち味を創り上げる。それが「自分を生きる」ということであり、生きる醍醐味《だいごみ》といえるだろう。

英語で〝He is cut out for a salesman.〟といえば、「彼はセールスマンに向いている」という意味だが、cut out とあるように、「セールスマンの形に裁断されている」と表現されている。この言い方が暗示するように、人間の持つ個性の一部、ある部分的な性能、能力をカットアウトして（切り出して）利用するということが、とくに労働においては少なくない。たとえば、「繊細で弱々しい自分」を持つ人が、そういう部分を押し殺し、「明るくたくましい自分」をアピールし、雇用を得て働く、というようなことは少なくないのである。

それがうまくいけばいいが、ある種の自分を押し殺すことが、実はその人にとって深刻な問題をもたらすこともあるから、事は単純ではない。そういう「人材」としての部分的な「能力・特性」を評価し肯定するような「自己肯定感」も、世の中には出回っている。それは、私の提唱する自己肯定感――「自分が自分であって大丈夫だ」という感覚であり、人間の生きている存在丸ごとを肯定し、愛によって大きくなる自己肯定感――とはまったく違うものであるが。

自己肯定感を育てる方法とは

「自分が自分であって大丈夫」の自分は、主体としての自分であって、評価の対象としての自分ではない。第2章で述べたように、この意味での自己肯定感は、自由にものを感じ、考える主体としての自分を肯定する感覚で、評価の対象として自分を肯定する感覚ではないのである。人が、主体としての自分と向き合う時、自分を〝否定し、嫌う〟のではなく、〝優しい慈悲の心〟でとらえることで、この感覚を得ることができる。

自分自身が苦しくつらい時、その気持ちを「つらいね、よしよし」と受けとめ、共有するということだ。自分の気持ちを自分で「共有する」というのは奇妙に感じるかもしれないが、この感覚がわかる方も少なくないのではないか。自分のことを客観視し、その気持ちを丁寧に見つめ、自分に声をかけるような感覚である。そうやってやさしい心で自分に声かけできるようになるためには、他者から〝慈悲のこころ〟でやさしく自分を受けとめてもらった経験が大きな支えになる。それはまさに、「自分が自分であって大丈夫」だと感じることができる経験だろう。

自己肯定感がふくらんだ自分は「それでいいのだよ」と自分自身にやさしく向き合える自分だ。自分自身を〝高く評価する〟自分ではなく、自分自身に愛を吹き込むことができる自分である。したがってこれには、成績を上げて、よい自己評価ができるようにしてやったり、能力を高めてほめてやったりする対象として人を扱う方法はなじまない。私たちにできることは、苦しんでいる人が、脅かされることなく自由に自分の心で感じ、自分の頭で考えることを大切にし、それを信頼し、それにしたがって行動し生きることを心から励ましてやれるような共感的な他者になることである。

当事者が、その共感的他者と同一化して、もう一人の自分として、内面に取り込み、自分自身とやさしく、慈愛に富む関係を創り出せるように、環境や人間関係やその他の条件を整えてやることである。相手を大切なかけがえのない存在として、その苦しみに共感し、慈悲のこころで抱きしめるような関係をつくるということである。

カウンセリングの場合は、非日常的な空間と時間を用意して、当事者が脅かされることなく、自分が感じ、考えたことを自由に表現できるような「守られた」関係をつくることに努力する。「受容的」構えはそのような関係をつくるためにカウンセラーが踏まえなければならない基本的な構えで、決して操作的なテクニックではない。相手の話を聞いてやることで、相手を丸め込みコントロールする小手先の技術のようなものではないのだ。

3 競争原理と自己否定感、自己肯定感

なぜ競争が問題か

ここまで、学校教育や職場での競争の問題にいろいろ触れてきたが、ゲームやスポーツなどの競争一般に問題があるわけではもちろんない。「市場原理至上主義」ともいえるような今日の新自由主義の横行がもたらす競争こそが問題なのである。それは端的にいって、相手を蹴落とさないと、自分が生き残れない競争＝ゼロ・サムゲームだからである。

椅子取りゲームがそうであるように、誰かが仕事にありつけば、他の誰かがあぶれてしまう。それが人々、とりわけ若者たちの「生存」や「尊厳」の条件を破壊する競争だから問題なのだ。

日本の学校で見られる競争は、ゲームやスポーツのそれとは違う。ゲームやスポーツのように、楽しいから自ら好きで参加するのではなく、学校での競争、受験競争は、子どもがそれをおもしろいとか、好きだとか感じていなくても、否応なくそれに参加させられる。

競争のごく上位にいる子には、ある種の充実感があるのかもしれないが、こうした競争が本当の意味で子どもの力を伸ばすことができるかどうかは何ともいえない。そして、多くの子どもたちが、

決して好きでこの競争に参加しているのではない。参加しないと親からも学校からも相手にしてもらえなくなる怖れを感じて否応なく参加させられるのだ。

もちろん、最終的に競争への参加・不参加を選択する「余地」は本人に残されているという人もいるかもしれない。競争から降りる「自由」はもちろんある。登校拒否したりひきこもったりする子には、そういう選択をした場合もあるだろう。

しかし、その「自由」は、彼・彼女が、社会の周辺部分、辺縁に脱落する危険とひきかえに得られる「自由」である。そういう危険を冒すことを避けるなら、参加したくなくても競争に参加せざるを得ないのだ。もちろん競争に参加したとしても、結果として、社会の安全地帯の椅子に座れるという保障はない。

競争を受け容れ、その結果として割り振られた場で忠実に役割を果たすことが、その所属する共同体（国、会社、学校、家庭）に受け容れられ、承認を与えられる唯一の条件である――こういう競争が、子どもにとって心地よいものであるはずはないが、多くの子どもたちは、競争に同調・参加せざるを得ない。そうした中で、競争に適応しきれない子どもが出てきても不思議ではない。いや、出てこない方がおかしいと私は思う。臨床心理士・学校カウンセラーなどの投入にもかかわらず、登校拒否する子どもたちがいっこうに減らず増えているのがその証拠だ。

「競争的自己肯定感」、そして内面的資産の格差

自分が好きで楽しめることなら、それだけで「やる気」が出るし、喜びを覚える。内発的な意欲がかき立てられる。しかし、「嫌だけど、みんながやるから自分もやらざるを得ない」と同調するだけのことであれば、その中で「他人に勝つ」、あるいは「偏差値の高い学校にいく」などの、他者との比較において優位を占めることぐらいにしか「やる気」を起こすものが見つかりそうにない。

このような「やる気」によって得られる報酬は「優越感」的なプライドの満足であり、「自己愛」的なプライドの満足でしかない。楽しくも、面白くもないことに「やる気」をもって挑むには、お金などの褒賞や、褒められて高まる「オレは有能だ」「人より優れている」という類の「自己肯定感」という報酬が必要なのだ。私はこれを「競争的自己肯定感」といっている。競争に勝つための「売りもの、使いもの」になる能力・特性によって自己を肯定する「自己肯定感」である。

これは好きではない競争に「やる気」をもって取り組み、がんばるためにこそ必要な「自己肯定感」だが、本人が競争で十分な優位を得られなかった時にはとたんに機能しなくなってしまうという問題を持っている。しかし、競争で優位に立っている間は、それは競争を勝ち抜くために、必要な「内面的資産」として機能するのかもしれない。

私は、人生が「勝ち・負け」で測れるものではないと思っているし、「勝ち組」「負け組」という言葉自体が好きではない。できれば使わないで済ませたいが、世の中にはこの言葉が出回っており、

それが「強い立場」の人間と「弱い立場」の人間との格差を際だたせるために、逆に有効であるとも思うので、ここでは使うことにする。

世の中で「成功」した「勝ち組」の人たちの中には、「俺たちは努力したから成功したのだ。『負け組』の連中はさぼっていた。彼らは努力しない、頑張らない。成功できないのは当然の報いだ」などと思っている人が多いのではないか。

「勝ち組」の人たちの中には、たしかに、「がんばって努力したから競争に勝った」といえる人もいるだろう。しかしその多くが、自分は恵まれた条件があったからこそ、「努力し、がんばることができた」のではないかとふり返ってみることはしない。実は、「がんばる」ことができるためには、ある程度の条件が必要な場合がある。

その条件は、親の年収や財産などの経済的・外的なものに限らない。むしろ、目にみえない内面的な条件が重要な意味を持つ場合が少なくない。私は、それを「内面的資産」だと考えている。たとえば、私の提唱する「自分が自分であって大丈夫」という自己肯定感は、生きていく上でとても大切な内面的資産だといっていい。

私はカウンセリングの中で、それに恵まれない人にたくさん会ってきた。たとえばこうした人の場合、自分が他人に好かれる自信がなく、嫌われるのではないかと常に他人の目を気にし、明確な意思表示ができなかったりすることがある。

あるお母さんは、子ども時代に父親に虐待され、家族から共感的に話を聞いてもらえる経験もなく育った。そのせいか、年輩の男性に対する恐怖心がある。また他人に対して心を開けず、自分の思いや気持ちを話すことに不安を持っている。子どものころから、何かを話しても親にすぐうち切られたり、否定されたりしてきた経験を持っていた。

こうした経験から、この方は、他人との会話では、いつも聞き役にまわってきたし、自分から積極的に他人に話しかけることなどもなかったという。他者とのコミュニケーションにこうした制約がある場合に、それがない人に比べ、何かを「がんばる」達成においても差が出てくる場合はありうるだろう。

ドクターの勧めでカウンセリングを受けることになった際、カウンセラーの私の前に出ると、恐怖と緊張で逃げ出したかったそうだ。私は「年輩の男性」だし、声も大きめだからである。自分の心に向き合い問題を乗り越えようとするだけでも、そうした困難を抱えるわけだから、一般に、競争において、大きなハンディキャップを負っているのは明らかだ。

彼女は小さいときから心に「負の資産」を背負わされてきたようなものである。それに負けずに一所懸命にがんばって生きてきたと私は感じた。このクライエントは、「『もっとがんばれ』とよく言われてきたけれど、死なないで生きているだけでも必死になってがんばっている。これ以上どうがんばれというのか……」と語った。

親の愛情に恵まれて育った人に比べたら、愛情という「資産」に格差があるのだ。そういう「資産」は目に見えない内面的資産であり、それを土台にして私たちは努力したり、がんばったりできる面があることを忘れてはならない。その内面的資産に恵まれている人は、「がんばる」ことができるのはあたりまえのことかもしれない。しかしそういう人の多くが、それが「あたりまえでない」人がいることに気づかないまま、競争による人生の決定を正当視しているということを指摘しておきたい。

二重・三重のハンディを抱える人々

内面的資産に恵まれ、その土台のうえに順調に努力して、成功し、競争にも勝って「勝ち組」になれる人と、さまざまな「負の内面的資産」を負わされ、努力するにも困難を抱え、その結果「負け組」になってしまう人との間には、「目に見える努力をしたか、しなかったか」というだけでは捉えきれない条件の格差がある。

身体的な障害を持ちながら、努力をして自分の才能を開花させている人も多くいる。そういう人たちは、障害というハンディを抱えながらも、それにもかかわらず努力して成功したのだと賞賛されるし、それはすばらしいことだ。

ところが、目に見えない負の資産を心に負わされながらも、一所懸命にがんばって生きている人は、「何も障害がないのに努力しないのは心がけが悪い」などと言われたりする。しかし、心に「障害」を受けた人はそのハンディが見えないうえに、努力しがんばるための内面的資産に恵まれていないのである。

そういう意味では二重・三重のハンディを抱えていることになる。たとえば、うつ病にかかった人は、がんばりたくともがんばれない。がんばろうとすればするほど、がんばれない自分を責めて余計にしんどくなってしまう。

中学時代に友人に裏切られリンチをうけたことによるトラウマを背負い、そのことを背景にうつ病になっているある青年は、自分を「裏切られ見捨てられてもしかたがないような価値のない人間だ」と思うようになってしまった。自分の存在価値を見失い、自己評価が低いために、人の集団に入っていけなくなった。したがって、人間関係に自信をもてず、社会に出て仕事をすることもおぼつかない。

このように心の病気になってしまった場合に限らず、心に傷を負うということは、「負の内面的資産」を抱えることになるのだ。そういう人たちを、「おまえは努力が足りない、甘えている」と責めることができるだろうか。「負の内面的資産」を心に抱えて一所懸命生きている人に対して、目に見える様子だけを理由に、「がんばっていない」「さぼっている」などと軽々に決めつけることができないことは、多くの人に知られるべきことである。

生きているだけでも大きな身心の努力を必要とする状況の中でがんばって生きている人は、内面的資産に恵まれ順調に努力できる人など及びもつかないぐらいに、必死にがんばって生きていると、私は考える。そういう人たちは立派だと思うし、カウンセラーの私は、そういう人たちから多くの「勇気」をいただいてきた。

「努力すれば報われる」について

親の年収の格差などによって、小さいときから、たとえば習い事をさせてもらう、塾にも行かせてもらうことができる子どもがいる一方、そうした機会などまったくなく、それどころか給食費も払えないという子どももいる。これらは目に見える形で教育格差をもたらすもので、それも大きな問題だ。

同時に、格差というなら、こうした内面的資産をも考慮に入れなければ、ほんとうにつらい人たちの救いに至らないと思う。もちろん、心の問題になると格差問題は複雑になる。経済的に恵まれた家庭に育ったからといって、愛情に恵まれて育ったとは一概にいえず、一方、貧しい家庭の子でも、愛情に恵まれて育った子どもはいくらでもいる。

同時に、一般的にはそうだが、経済的に恵まれている方が心にゆとりを持てるという意味で、有利な条件になる確率は高いであろうということも推測できる。たとえば、貧しく、夜遅くまで働いて疲れて帰ってきた母親に、子どもが、自分が学校でいじめられているのを訴えることは難しい。

前の章で、最近の子どもが、うれしいことは親に話すが、つらいことは親でなくペットに話すという傾向に触れたが、それもペットが飼えるような条件があっての話である。このように、内面的資産は、外的な格差の問題も絡んだ検討を要する問題である。

いずれにしろ、内面的資産の格差、あるいはその集積が、人々の意欲やがんばりを支える条件に格差をもたらしている場合があるとすれば、そういうことを考慮しなければ、「勝ち組」の人と、「負け組」の人との間のコミュニケーション、あるいは相互理解は成り立たない。

たとえば「努力すれば報われる」と思えること自体が、大きな内面的資産であり、それは「努力し、がんばる」ことを支えるだろう。反対に、「努力しても報われない」という意識は「負の内面的資産」であり、それは努力し、がんばることを阻害するだろう。

この「努力したら報われる」という意識は、誰もが「心がけ次第」で持てるものではない。いくらそのように思おうとしても、そう思えない人もいる。いくら努力してもどうしようもないという無力感を、成長過程で植えつけられてしまった場合があるのだ。

その成長過程の環境は、当時子どもだった彼や彼女が選ぶことのできない形で存在していたものである。たとえば大学受験の「競争」には、高卒の資格があれば誰でも参加できるかもしれない。しかしそれは形式論であり、実質的には、純粋な平等な競争によって東大合格が争われているわけでないことは、今述べたとおりである。学力や能力の差とは別の、見えない「格差」によって、競争の土俵に上がれない人たちがいる。たとえば、誰もが東大を受験するのではなく、「ランクの低い」大学を受験したり、あるいは大学受験それ自体をあきらめたりしているように。このように、ある競争の土俵に上がれない人は、いくら努力しても無駄だと思うだろう。

だから、「がんばれば報われる」「がんばれば競争に勝てる」というメッセージ——多くの場合「勝ち組」の人によるそれ——は、「負け組」の人には、非現実的なきれいごとだと思われ、絶望を与える場合があるのだ。さらにいえば、それは、「おまえは、がんばれないダメなやつだ」というメッセージにもなる。「負け組」の人は二重にたたきのめされてしまう。「負け」た上に、さらに「がんばれないダメなやつ」という烙印《らくいん》を押され、否定されるのだ。

「がんばれば報われる」という「勝ち組」の人にはそれなりに通用するメッセージを、「がんばってもどうしようもない」状況に置かれた人々に発することは、独りよがりの無神経なメッセージになるかもしれないのだ。

「自分が自分であって大丈夫」の意味

関連していえば、「自分は粘り強く努力できる」という人は、そのことを感謝するべきだと私は思う。それを自分の「意志の強さ」のようにひけらかすことはしない方がいい。粘り強く努力できるのは、それなりの内面的資産に支えられているし、それは周囲の環境によってもたらされた面もあるのだということに気がついてほしい。

一方、内面的資産に恵まれず努力するのが困難な人は、そういう中でも「だから仕方がないのだ」で済ますのではなく、そういう中でできる範囲の努力をして一所懸命生きてほしい。思ったように努力できないことを自分の弱さのせいにして、自分を責める必要はないが、かといってそれを免責材料にしてそのうえに居直るのも可能性を狭めてしまうからだ。

心理カウンセラーとして、内面的資産に恵まれなかったり、むしろ「負の資産」を抱えて苦しんだりしている人とこれまで多く向き合ってきた。そういう人たちが不必要な自己否定から解放され、可能な努力をして生きていけるように援助したいと模索してきた。

「自分が自分であって大丈夫」という自己肯定感は、その模索の過程で生まれてきたものだ。内面的資産に恵まれず、さまざまな「負の遺産」を背負い、それでも一所懸命生きている人たちの、生きていく支えになるような資産、「人生の浮き袋」になる資産として、私が見つけ出したものが「自分が自分であって大丈夫」という自己肯定感なのである。

これまでにも繰り返し言ってきたように、それは、けっして「売りもの」「使いもの」になる能力や特性、「優れたところ」「いいところ」を見つけだして、それによって自分を肯定するような「自己肯定感」ではない。

私がカウンセリングをしてきた多くのクライエントは、「自分のええところなんか見つからへん」という人たちが少なくない。他人に自慢できるようないいところ、アピールポイントのようなものを探すことで、むしろつらくなってしまうという人もいる。

そういう人々にとって「『自分のいいところ』を見つけて『自己肯定感』を持ちなさい」というメッセージは、しばしば、「自分は自己肯定感を持てない人間なんだ」という自己否定の心をもたらしてしまうのである。先ほど述べた、がんばろうとしてもがんばれない人々に、「がんばれ、がんばれ」と言うのと同じことだ。

内面的資産に恵まれず、自己否定の心を背負わされた人々に、周囲の人間が提供できるメッセージは「ダメなあんたでエエよ」である。そういうメッセージを送り合える人々の集団、ネットワークの中に身を置くことによって、徐々に彼や彼女の心の中に「ダメな自分」を受け容れ、認めてやり、そこから新しい自分の再生に向けて一歩を踏み出す気持ちが湧《わ》いてくるだろう。

それが「自分が自分であって大丈夫」の自己肯定感である。それは、すでに述べたように、日本国憲法第一三条の個人の尊重という考え方とも合致しており、したがって近代社会の基本に据えられている考え方に沿ったものである。その意味では、自己否定の心があろうとなかろうと、誰に対してても大切な人間観であるともいえよう。

この自己肯定感は、人を使って儲けようとしている人が、人をがんばらせるために推奨する「自己肯定感」ではない。「あんたは有能な人材だ！」と誉めて持たせようとする「自己肯定感」や、「どうだ、オレはこんなに有能だ！」と自慢するような類の「自己肯定感」は、誰かの期待に応えるようがんばらせることによって、その誰かによる搾取を促進する「自己肯定感」といってもいいかもしれない。

「自分が自分であって大丈夫」という自己肯定感は、誰かのためにがんばることを支える「自己肯定感」ではないのだ。いろんなハンディを抱えながらも、仲間とともに、支え、支えられつつ健気に一所懸命生きていくことを支える自己肯定感である。

この競争の厳しい過酷な世の中で、「ダメなあんたでエエよ」などと寝言みたいなことをよく言うものだとバカにする人もいるかもしれない。私はしかし、それが再生の出発点になることをよく知っている。これこそが今の世の中の行き詰まりに、風穴を開けることのできる強力なセラピー・メッセージになるのではないかとすら思っている。

ホームレス襲撃と内面のホームレス

だいぶ以前の話になるが、高校生の時にホームレスの人を襲撃し続けて大学生になった若者（小学生の頃から塾に通い、中学生の時にはトップクラスの成績だった）が次のように語ったことがある。

「何かしなければ生きる価値がないし、何もしなくてホームレスになったっていうのはほんとに価値がないことだとボクは思います」（「野宿者を襲撃する若者」日本テレビ、二〇〇一年一月二三日放映）

彼は、ホームレスの人は仕事や人間関係の難しさから逃げ続けてホームレスになったと考えていたようだ。それ自体がホームレスの人に対する無知と誤解を含んでいるが、それはおそらく世間一般の偏見とも同じものだろう。

もう一つの問題は、「何かしなければ生きる価値がない」という言葉に表れた「価値観」である。一所懸命に努力して、成績をあげ、「有能な」人間であることを証明しないと生きる価値がないかのように思い込まされていることがわかる。

何もしない人間は存在する価値がないのだから、いわばゴミみたいなものだ。そういう存在は駆除され、排除されて当然であり、そのことはむしろ正義だ——こういう価値観にとらわれている若者が片方にいるわけだが、彼は「よい子でないと見捨てるぞ」という脅しを、陰に陽に受けながら育ってきたのではないかと感じた。

ホームレスを死傷させる暴力を、価値のあるものだと考えるこうした若者の思考は、程度の差はあれ、もしかしたら多くの人々の中にもあるものかもしれない。ホームレスの人の内面にももしかしたらあるかもしれない。生きる価値がなく、そうなったのは自業自得、というような負い目や自己卑下、罪悪感が埋め込まれているかもしれない。自分の存在を否定する価値観を、自分自身が共有させられてしまっているのである。

ある元看護師さんが、「境界性パーソナリティ障害」の診断を受け、自分の闘病の経験を書いた記録に解説を書いたことがある（悠風茜『自殺依存』関西看護出版、二〇〇七年）。彼女は「仕事をして初めて一人前」という価値観に縛られ「うまくできない」「他人に迷惑をかける」「仕事をしない」自分は、そこにいる資格がない、あるいは生きていてはいけないかのようにさえ感じていた。

彼女はがんばりすぎるほどにがんばり、しんどくなってしまう一方で、「甘えや逃げ」に衝動的に向かいたくなる自分を抑圧してきた。「甘え」や「逃げ」を忌避してきたのである。しかし、耐えきれずに「甘え」が飛び出して、そういう自分に負い目を感じてもいた。「がんばりすぎ」と内面深く隠されていた「甘えや逃げ」への衝動は同じ問題の裏表だったのである。

こうした、特別にがんばらなくても安心して当たり前にそこにいられるような「居場所」を持たない人たち。まさにそういう意味での「ホーム」を持たない、内面的な「ホームレス」の人たちが現代社会には増えているようだ。だからこそ私は、内面的に安心できる感覚、「自分が自分であって大丈夫」という感覚が大切になっていると思うし、この言葉でこういう問題を語ってきた。

現代社会には、社会の中心で有能さを発揮し、「勝ち組」と見られている人々の中にも、こういう内面的な心の「ホームレス」は少なくないだろう。彼ら自身が「何かを成し遂げる有能な人間であって初めて生きる価値がある」という価値観に縛られ、それゆえ「甘えや逃げ」を抑圧し、がんばりすぎるほどにがんばって「有能さ」を発揮し続けてきたという面があり、その末に「勝ち組」としての彼らが存在するのではないか。

私は、彼らの中には、「甘えたい」という衝動が、「成仏」できないままに埋もれている可能性があると思っている。それを認めることは有能な強者としての自分のアイデンティティを失うことになる。だからこそ、その認めがたい衝動を他者に投影し、「ホームレスの人」や「働かない人間」（ニートやひきこもりの若者）を「甘えている」「生きる価値がない」などと否定しようとするのではないか。

「自分が自分であって大丈夫」という自己肯定感は、自己の存在を許され、肯定されているという内面的な感覚である。自分の中に有能な部分を見いだすことによって自己を肯定する感覚ではない。こういう存在レベルの自己肯定感が内面に担保されないと、人間は、「努力しなければ報いがある」というような脅しによって支配されやすい人間にもなるだろう。

「がんばったら何とかなる」と思って、「意欲」をかきたてることができるのは、とても大事な内面的資産である。その資産に恵まれた人が、その資産に恵まれていない人に否定的な眼差しを向けることで、その人たちの中の「負の内面的資産」をマイナス方向に増幅させている。

自分と他者の分断がもたらすもの

内面的資産の格差という問題が正しく理解されていないことにより、社会の構成員間のつながりが精神面で分断されるという問題もある。それは、「仕事をしない者は生きる価値はない」「何かを成し遂げない者には価値はない」「成功できないのは努力しないから」といった皮相な人間観に立つ限り、その人間観によって自己と他者を分断しようとするからである。

「努力しない人と自分とでは生きている世界が違う」「ああいう人は困ったことになったとしても自業自得」といった見方にとらわれるからである。先ほど、「内面的な心のホームレス」ともいうべき人は、「勝ち組」の中にもいると述べたが、ちゃんと仕事ができなければ生きている資格がないというような観念にとらわれている人は、たとえば「勝ち組」であったとしても心を病んでしまうなど、心身に問題を抱えることになる場合もある。

「自分は自分であって大丈夫」という自己肯定感がないから過剰に働いてしまったりするわけだ。その背後には、人間を大事にできていない職場の体質や働き方の問題などもあるだろう。他人の不幸を「努力しなかった報い」「自己責任」「自業自得」ととらえれば、実は自分も共有しているこうした社会の矛盾は目に入ってこない。

これは誰もが所属している社会の失敗を直視できない考え方なのである。ある種の立場の人にとっては、「社会の失敗を直視しなくてすむ」見方だともいえるかもしれない。「あれはアイツの問題だ」「努力しなかった報い」だと考えれば、本質的な原因を見ないまま「決着がつく」からだ。

社会に存在する、限られた椅子を奪い合う「椅子取りゲーム」において、そう考えれば、「アイツが椅子をとれなかったのは、アイツの努力不足のせい」であり、「オレが一つの椅子をとったから」だと思わなくてすむ。

「アイツ」も含めた、「我々」の世界の問題として、問題にしっかり向き合うという、手間のかかること、不安をもたらす仕事にも手を出さずにすむ。ある種の立場の人が、わが身を守るために、今の社会にはどうがんばってもどうしようもない問題があるのだという現実を否認しようとすれば、そのように考えるだろう。

仕事ができなければ居場所がなくなるというプレッシャー・不安に駆りたてられて生きる人たち。「社会のゴミ」になれば駆除されるという不安を抱いて生きる人たち。そこには、自分には目下、社会の役に立つ「有能さ」があるという強いプライドと裏腹に、内面に仕込まれた「地雷」のような不安があるように見える。その不安が強ければ強いほど、「有能さ」「有用さ」を誇示しなければならないという気持ちが、人々をとらえている。

人は、他者との社会的交流の中で肯定され、承認されて、自己肯定感、尊厳を獲得するものだ。ところが地域、学校、家族などの共同体が、自分の存在を肯定し承認してくれる共同体ではなくなってきてしまった――「居場所」が失われた――のが、こうした問題の本質だといえる。

そんな状況の中で生きる子どもたちは、学校的な価値観に過剰に適応し、他者との比較に基づく「優越感」という自己肯定・承認を得ようとする。しかし、それができない子どもは、存在を肯定されないうえに、「劣等感」という自己否定を負わされることになる。

自分の存在の肯定を供給する装置としての、共同体、社会的交流が壊されてきた背景には、社会の変化がある。私はその転機は一九七三年のオイルショックではないかと思っている。それ以降、多くの企業が正規雇用労働者を絞り込み、パート労働者などの不安定就労層を拡大する流れが始まった。

その二〇年後の一九九五年、日経連（日本経営者団体連盟）が「新時代の『日本的経営』」という提言を発表した。労働者を「長期蓄積能力活用型」「高度専門能力活用型」「雇用柔軟型」の三つの類型に分け、うち、ごく一握りの「長期蓄積能力活用型」だけを正規雇用とし、他は派遣労働者など非正規雇用とする雇用政策を提言した。

これは、三〇パーセントの幹部・専門技術者と、その他大勢の律儀で従順な使い勝手のよい人材がいればいいという考えを具体化したものである。幹部社員と専門技術者にあたる三〇パーセントを「長期蓄積力活用型」の労働者にしてカネをかけ、残る七〇パーセントには非正規雇用者としてカネをかけないという雇用政策だ。

　その結果、今日では労働者全体の三七・二パーセント（二〇二〇年。労働力調査）が非正規雇用となり（女性の非正規率は五四・四パーセント）、低賃金の仕事や将来の不安が広がっている。本書でふれてきた問題に関していえば、こうした変化が、正規雇用をめざす競争を激しくさせる一方で、経済格差を拡大し、内面的格差も広げ、その結果、生きづらさを増大させてきたのは明らかだ。

　かつて、「家庭」「学校」「会社」などの共同体に、当たり前に成立していた「心理的な居場所」が失われていき、「存在の肯定」がなされにくくなってきたということだと考えている。「居場所の崩壊」のもとで、そうした共同体に過剰に「適応」してしまう傾向も生じ、その結果として、いわゆる「よい子」が増えたという面もある。

　しかしそれは、たとえば学校の成績と自分の存在価値とを同一視し、それを上げることに没頭するという、生きものとしての子どもにとっては、非常に不自然でゆがんだ「よい子」としてのあり方ではないか。そうやって、学校的な、あるいは競争的な価値観によって脅されながら、それに適応して生きてきた子どもや若者が、ある時、それに適応しきれなくなってひきこもるというケースも多いように思われる。

　それは、そういう価値観に照らして自分を「ダメなやつ」「情けないやつ」「甘えている」と否定的にとらえ、同時にひきこもらざるをえなくなった自分の状態についても「ダメなやつ」だととらえる。「学校に、社会に、出ていかなくては」と思いながら出ていけない、そういう葛藤を抱え込み身動きできない自分を、「どうしようもなくダメなやつ」とさらに否定するのだ。これは、いわば自己否定のスパイラルであり、本人にとっては大変に苦しい、自信を失ってしまっている状態だ。「生きている資格がない」「この世から消えたい」という言葉を、登校拒否やひきこもりの当事者から聴くことがあるが、それはまさにこうした心理状態の表れだろう。彼・彼女らが自信を回復するためには、学校的価値や競争社会の価値観とはちがった物差し、価値観を得る必要がある。

競争的な価値観を相対化する価値観に照らして自分を見直したとき、自己否定のスパイラルから自分を解放していくことができるだろう。そういう状況を自分たちの中にどうつくっていくことができるか。人間の生存や尊厳を競争の結果によって決定するようなありようが意味を失うような世界を、どうつくり出していくかということが問われている。

私には、現代の社会には自己否定に落ち込んでしまういろいろな穴が開いているように見える。社会の仕組みが直接、自己否定の心をつくり出すわけではないが、その社会の仕組みに人間の心が集合的に表れ——たとえば競争心やわがままな自己愛、「脅し」に対する焦りなど——それが個々人の心に反映する場合があるのだ。

登校拒否をしたり、ひきこもったりということもその作用だと思う。それを「穴に落ちこむ」ことだと比喩《ひゆ》的に考えると、穴に落ちてしまうのには個人的な事情もあるだろうが、誰もがその穴に落ちる恐れはあるわけである。

ただ、もしかすると、その穴は別の世界への抜け穴であるのかもしれない。その穴を当事者たちと一緒に掘り進み、別の世界を開くというような支援の道が、きっとあるのではないか。いまだその道ははっきりとはしていないが、それを一緒に見つけ出していければと思っている。

どのような意味で自己肯定感をとらえるか

今日の日本の子どもや若者が、自分の能力・特性を他人と比較して「とてもよい」と評価できず、あるいは自分なりの基準で「これでよい」と評価できず、自分に対して誇りや自信を持てないという自己評価の低さがしばしば問題にされる。

たしかにそれも問題だ。とくに教育現場ではそうだろう。しかしより深刻な問題は、不登校の子どもや社会的ひきこもりの若者たちの陥る苦境のような、「自分など存在する値打ちもない」「自分などいない方がいい」と、丸ごと自己存在の否定にまで及んでしまう自己否定感だ。

今日の子どもや若者の主体形成の問題と関わって、しばしば「自己肯定感」という言葉がキーワードとして用いられている。それは「セルフ・エスティーム」の訳語として用いられる場合も少なくないが、概ね自己を価値ある存在として評価し尊重する感情として理解され、人権教育などの領域でとくに重視されている。

しかし、この自己肯定感という概念は必ずしも明確に規定されているわけではなく、その言葉を使用する人によって込められる意味やニュアンスに違いがある（詳しくは拙著『生きることと自己肯定感』新日本出版社、二〇〇四年、八木・梅田編『いま人権教育を問う』大月書店、一九九九年、第3章

「自己肯定感」を育む――その意味と意義、参照)。

すでに見たように、自己肯定感を、自分の「いいところ」を評価して、自己を肯定する意味で用いられていることもあるし、私のように、存在レベルで自分を肯定する意味で用いている場合もある。

ここで指摘したいことはどれが正しい定義かということではなく、この言葉にどのような意味を含ませることが、今日の時代に社会を生きる子どもや若者の抱える本質的な問題と深く切り結ぶうえで有効かという問題である。

たとえば、ある教師は、中学生の「職場体験」から得られる生徒たちの満足が、働く人々との出会いや人間的交流、今まで出会ったことのない生身の人間とのふれあいから得られたものではなかったかと述べながら、「また、『自己効力感』が(「自己有用感」「自己効用感」とも言ったりするようですが)いわゆる『自己肯定』につながるものだとすれば、他者の役にたつ、まんざらでもない自分に気づく機会を、日常の学校生活のなかでどうつくるか。その観点でこれまでの実践を見直してみることこそ必要でしょう」と指摘している(綿貫公平「私たちの進路指導、進路教育の創造を」『進路教育』No.171、二〇〇六年秋季号三一ページ)。

ここにも「自己肯定」という言葉が出てきている。しかも、それは「自己効力感」と結びついた形で使われている。「他者の役に立つ、まんざらでもない自分」の感覚。そういうニュアンスを含むものとして「自己肯定」が語られているわけだが、教育の分野ではこういう語られ方は多いように思う。

私はそれが間違っているとも思わない。今日の子どもの状況を見るとき、そのような感覚を育てる教育実践が大事であるといえる面もあるだろう。ただし、今日の子どもや若者が陥っている苦境の本質をとらえようとするとき、「自己肯定感」がこういう語られ方をするだけでは、不十分だとも考えている。

そこに、心理臨床の専門家と教育の専門家が向き合わなければならない問題のレベルの違いが反映されているように思う。心理臨床の専門家が向き合わなければならない相手が抱えている内面の問題はより深刻で、相手を援助するためにはそれだけ深く相手の内面に入り込み、理解せざるを得ない性質をもっている場合が多い。

繰り返しになるが、私が提唱してきた「自分が自分であって大丈夫」という規定は、存在レベルの自己肯定だ。「できる」とか、有能だとか、役立つとか立たないとか、そういう機能や能力のレベルのものではない。むしろ、そういうレベルで評価されることなしには「存在」が許されないかのような状況への批判を込めた自己肯定感である。

先の教師の言葉にひきつければ、「他者の役に立つ、まんざらでもない自分」に気づく以前に、自分が安心してそこにいられる、自分の存在そのものが肯定され、受け容れられているという安心を充分に味わうことが必要な人がたくさんいるということだ。

その辺の事情を配慮しないで先のような意味での「自己肯定感」を持つことを期待し要求すると、

「他者の役に立つまんざらでもない自分」であることから隔てられている人を、自己肯定どころか、一層の「自己否定」に追い込むことになりかねないのではないかと危惧《きぐ》している。

人間の尊厳の問題

登校拒否や社会的ひきこもりは、人生や人間としての成熟の過程での一つの「つまずき」でしかない。人は前に進もうとするからこそ、つまずくこともある。そうしたできごとを通して悩み、その悩みを通して自分とあらためて向き合い、自分と問答し、自分の生きるべき道を見つけ出していく。

その過程そのものが、人間としての成長・成熟への道程である。そのことは、ひきこもりを「卒業」した人、元気になった人たちの姿を見ればよくわかる。だから、その成長・成熟への道を励まし、援助するためには、安心して自分と向き合い悩めるように援助し、支えてやることが必要だ。

ある不登校の子どもは、娘の不登校という事態に遭遇してオロオロする母親にこう言ったそうである。

「お母さんは私が学校に行けなくなって悩んでいるのをみて、後から悩みはじめたのでしょ。そのお母さんが私以上にオロオロしたら、私は安心して悩めないじゃないの」

この子に限らず、今、多くの子どもや若者たちは「安心して悩む」ことができなくなっている。それどころか、「つまずいた自分」を「ダメなやつ」と自己否定し、責め、貶《けな》し、自分を嫌うような心境にまで追い詰められている。

その背後にあるのが、仕事ができたり何事かを成し遂げていたりしないとダメな人間だと感じてしまうような価値観であり、それをもたらしている社会のありようだということはすでに述べた。人間を「人材」としてとらえる価値観である。私はこの価値観自体を、人間の尊厳という角度から問題にしなくてはならないと思ってきた。

私は人間の尊厳とは、自分の存在そのものに価値を置くことができる点にあると考えている。社会内存在であると同時に宇宙内存在である、いのちの担い手であり、しかも「自分」という観念を持つ唯一の動物が人間だ。このかけがえのなさに人間の尊厳があると考える。

社会内存在としてある観点から見た場合に、「弱点」とされ「ダメなところ」とされる部分があったとしても、宇宙内存在としてより大きな人間の価値から見れば、何ら問題にならない。そのような弱点は、枝葉末節にすぎない。

「成績が悪い」「学校に来られない」「おとなしい」などは、その人のごく部分的な特徴でしかないし、社会のゆがんだありようの中で、いのちとして、むしろ正しく反応している結果でもあったりする。それをもって、「ダメなやつ」と評価する側にこそ、人間理解の狭さがある。

こうした「評価」は、「お前はダメなやつだからもっと努力しろ。そうしないと生きている資格がない」という「脅し」を含んでいる。こうした「評価」に日々さらされていると、子どもたちの内面には、競争社会で勝ち残れる能力、特性を備えた「よい子」でないと、見捨てられるという不安、そして、部分を否定されただけで、自分が丸ごと否定されたように感じて傷つき、あるいはパニックを起こすような感受性が形成されてしまう。

学校現場で、たとえば字の間違いを指摘された子どもが、ただそれだけのことでパニックを起こしたというような事例がしばしば報告されているが、私には、今の学校のありようの中にいればそうなってしまうと感じざるを得ない現象でもある。

ちょっとしたことで傷つき、パニックを起こす子どもや若者たちの現象をとらえて、彼・彼女らが、豊かな社会のなかで甘やかされて育ってきており、他者に否定された経験に乏しいことが原因だと指摘する論者もいるが、私は、それは実態の一面しかとらえていないと考える。

存在レベルの「自己肯定感」を育む

第1章や2章で何度かふれたが、赤ん坊が泣く時、私たちは、「よしよし」と声をかけるものだ。「うるさいから黙れ!」とは言わない。そして、その「泣き」が何を意味しているのかを理解しようとし、「そうか、よしよし、おしめが濡れたのか。今おしめを替えてあげるね」というふうに向き合うだろう。

その時、私たちは「小便などして、お前はダメなやつだ!」とは言わない。また、「よしよし」

と言うのは、「おまえはオシッコができる立派な子だ」という「評価」の「よしよし」ではない。「おしめが濡れたのだね、わかった、わかった」という意味の「よしよし」であり、「いいんだよ、大丈夫だよ」という意味の「よしよし」である。

それは相手の訴えをしっかり受けとめ、理解したという「よしよし」であり、それでいいのだよというゆるしの「よしよし」だ。私のいう「自分が自分であって大丈夫」の自己肯定感の「肯定」は、この理解とゆるしの「よしよし」であって、「評価」ではないのである。

理解とゆるしの「よしよし」は、存在そのものを肯定する。見ようによっては、この赤ん坊は大人に手間をかけている、迷惑をかけていると見る人がいるかもしれないが、この「よしよし」には、人間というういのちは、周りに手間をかけさせ、周りがそれを温かくサポートして育っていくものなのだという理解が含まれている。「手間や迷惑をまわりにかけている」ととらえる人も、赤ん坊の時にはそうやって生きていたのだ。

そんなことは当たり前だと思うだろうか。しかし現実の生活では、必ずしも当たり前だとはとらえられていないのではないか。

痛みや苦しみを訴え、それを「お腹が痛いのか、よしよし」と受けとめ、手当てをしてもらえる関係の中で、子どもたちは、「自分が自分であって大丈夫」という安心を得て、自分で自分に「よしよし」ができるように——自分が苦しくなった時に自分に向き合うことができるようになるのである。

第4章　若者や子どもの生きづらさに光をあてる支援

1　自己否定の心も否定せず受け容れる

大学で教えていた頃、京都で、学生自治会の連合組織に招かれ自己肯定感の話をする機会があった。その団体のまとめた文書の中に、今日の学生をめぐる情勢の一つとして「生きづらさ」がとりあげられ、次のような学生の声が紹介されていた。

「ひどく他人を意識しながら競争してきた」
「就職活動に失敗して『負け組』にならないように頑張らなければならないという強迫観念が入学直後からある」
「いつも明るく元気な人間にみえていなければならないと肩肘張っている」
「人と比べてしまい『自分はダメだ』と劣等感を抱え込んで落ちこんだりする」
「それらのしんどさや悩みはなかなか声に出して言えない」
「本当の自分を押し殺して、相手に迷惑をかけないように過敏に空気を読みながら過ごしている」

私たちは今、このような「生きづらさ」を抱えています、という声が列挙されていたのである。学生自治会が、「情勢」として、天下国家だけでなく自らの内面の「情勢」を吐露している声を引用していることに、私は新鮮な驚きを感じるとともに深い共感を覚えた。

私は心理臨床家として長年カウンセリングを行ってきた。その中で会った多くの子ども・若者たちの姿や、大学のゼミで触れあった学生たちの姿――そういうものが、その学生団体の「情勢」論の中に見えるような気がした。

学生自治会といえば、大学や社会に対し、学生の状態や要求を働きかける「元気な」存在をイメージするが、そういう人たちにとっても生きづらさという問題が強く意識されざるを得ないのだなと感じた。臨床や教育の現場で得てきた印象を確認させてもらったように思った。

「人に迷惑をかけるな」の大合唱をこえて

二〇〇四年に長崎・佐世保で小六の女児が同級生の女児をカッターナイフで殺害した事件があった。その加害者の女児について、長崎家庭裁判所の「決定」は、彼女が自分の気持ちを表現することが苦手であったこと、とりわけ否定的な感情を表現することができなかったことに触れている。私の印象では、加害者の女児は、発達障害やトラウマの存在を疑わせるところがあったが、あるいはその障害特性からくる面があったのかもしれない。

しかし、私はこういう特徴は今、多くの子どもや若者たちの共有する特徴だと感じている。大学で教えていた頃、ゼミの女子学生が、「大学に行きづらい」ということで相談にきたことがあった。いろいろ話を聞いたすえに、彼女には恋人がいることを知り、彼に相談しているのかどうかを尋ねたところ、彼にはそういうことは言えないのだと言った。

「なぜ?」と問うと、そんなことを話して彼に迷惑をかけ嫌われたくないからだという趣旨の答えが返ってきた。親しいからこそ嫌われたくない、だから暗い話を持ち出せないという、その考え方に私は内心驚いたことを記憶している。

この、暗い話をすると相手に迷惑だ、と感じる気持ちは、今では多くの子どもや若者に共有されているようだ。本書で何度も触れてきたが、つらいことは親には言えないからペットに話すという子が増えている。登校拒否したりひきこもったりしている子どもや若者が、親に迷惑をかけて自分など消えた方がいいと感じていることも書いてきた通りである。大学生などでいえば、親に高い学費を出してもらって大学に通うことが申し訳ないと肩身の狭い思いをしている学生、親の期待を裏切って申し訳ないと感じている人もいる。

私が大学で持っていたカウンセリング論の授業に参加する四〇〇人の学生に、「人に悩みを相談する時に不安があるか?」と問うたところ、九八パーセントの学生が「ある」と答え、理由として、「真剣に聞いてくれるか」「ダメなやつだとバカにされるのではないか」「迷惑じゃないか」「引かれるのではないか」「他人に話されるのではないか」などの声が書かれていた。

本章冒頭に紹介した学生自治会の文書にも、「しんどさを声に出して言えない」という学生の声があったが、そこには、「私たちにとってこれらは、弱音に思われ『もっと努力したら?』と突き返されたり、楽しい場を重くしてまわりに迷惑をかけてしまったり、過度な心配をされて恥ずかしかったりと、相談する前よりもしんどくなってしまった経験があるからです」とも書かれていた。

つらさやしんどさを受け止めてくれる人のいない孤立感。問題は、そういう相手がいないというだけではない。彼・彼女ら自身の中に、自分を表現することに対する恐れや絶望感があるように見える。その反動のように、常に明るい自分をつくっていなければならないという気持ちもあるのだろうか。カウンセリングの場でも、つらいことをにこやかに話す若者たちは少なくない。若い人たちや子どもたちのこうした気持ちは、「迷惑をかけるな」という声がその心をきつく縛っていることの表れのように見える。

「自立自助」「自己責任」などの掛け声のもと、「人に迷惑をかけてはいけない」という意識が過剰に社会を覆っているのではないか。もともと日本では、「人に迷惑をかけないように」ということは、親が子どもに向かってよく口にする言葉だった。その意味や趣旨はわからないわけではない。しかし、今の子どもたちにそれを言うときには慎重さが必要だろう。すでに見てきたように、競争主義的な価値観の中で生きてきた子どもたち、若者たちにとっては、それは、述べたような孤立感をますますひどくさせるメッセージになりかねないからだ。

今の子どもや若者たちについて、「人間関係を取り結ぶ力が欠けている」「コミュニケーション能力が貧しい」と批判する大人が少なくないが、私には、「迷惑をかけるな」という意識に縛られ、深い人間関係をつくることへの恐れ、躊躇《ちゆうちよ》を感じている人たちに対し、そういう皮相な見方をしても何ら建設的な答えは出てこないと思われる。「迷惑をかけるな」という意識をつくり出しているものが、今の競争主義社会の奥にある自己責任論だとすれば、そういう状況をつくり出してきたのは、大人の側なのだから、そのことへの反省がまず筋ではないかと思えてならない。

人が生きるには、誰でも、何ほどかの迷惑を周囲にかけているものだ。迷惑をかけずに生きることなどできない相談である。それをお互いさまと、ゆるし合って生きているのだ。だから、「迷惑かけてごめんなさい、ゆるしてくれてありがとう」という気持ちで生きたらいいと、私は子どもたち、若者たちに伝えたい。

述べてきたように、今の社会には脅しの「評価」ばかりがまかり通っているが、その結果として失われているのが「ゆるし」である。この社会全体のありようを変えることは、私たちが考えていかなければならないことだろう。同時に、個人レベルで、この「ゆるし」を大事にする人間関係を広げていくことも大事なことだと考えている。

「ダメな自分」をあるがままに受け容れられるように

「私はダメ」「俺はダメなやつ」という自己否定感を持つ人に対し、自己肯定感を育む方向で支援をすることが大事であることは、本書を読んできた読者の皆さんにはすでにおわかりだと思う。そういう支援をする立場にある方に伝えたいのは、「ダメな自分」が問題なのではなく、自分をダメだと責め、貶《けな》し、否定する心こそが問題なのだということだ。

述べてきたように、今日の社会や学校では、人間の丸ごとを否定するような自己否定感が常に醸成されている。それに対し、自己否定に陥っている当事者が、「ダメな自分」を「あるがまま」に受け容れることができるようになることが、まず大切な第一歩である。

一般に、病気を治すのは自己治癒《ちゆ》力、自己回復力、免疫力であり、それは生命の働きだ。それと似て、「ダメな自分」というものが仮にあったとしても、生命の働きが活性化することで、人間はいくらでも前に進むことができる。本来の生命の活動にとっては、学校の成績が悪いという程度のことは問題ではない。

その人の生命には、ほかにも素晴らしい輝きを放つ領域があるだろうし、学校の成績自体も、状況や取り組み方次第で学力がいくらでも伸びていく場合がある。そうした生命の働きを弱めているものこそ、自己否定の心なのだ。そうしたもとでは、「ダメな自分」を否定せず、そのまま、「あるがまま」に受け容れられるようにし、生命の働きが活性化するようにすることが援助の要諦であり、コツなのである。

それは、当事者にとっては、「ダメな自分」を「こんな自分は嫌だ」と排除し、仲間外しにするのではなく、それも自分だと受け容れるということである。そのために、これまで述べてきたように、自己肯定感を育むことのできる人間関係、あるいは「居場所」が大事な意味を持つし、生命が喜ぶような行動をする——つまりは自分がしたいこと、関心の持てることをする、あるいはそういう環境に身を置くことが大事である。
自己肯定感が他者との関係の中で育まれる以上、支援者の存在はたいへん大切だ。支援者はそういう状況をつくりだすために、当事者の状況に即して行動することが必要だが、何よりもその際、当事者自身が生命の働きを活性化し、自己治癒力、自己回復力を発揮できるようにするという観点が大切になる。

自己回復力の活性化

生命の働きである自己治癒力や自己回復力、免疫力に依拠することを忘れ、「俺が治してやる」「私が治してやった」と言わんばかりの医者や心理臨床家、その他諸々の自称「支援者」という人たちがいる。私はそういう人々は信用しない。

カウンセラーとして訓練を受けていた若い頃、私は指導教官から、「クライエントから『先生のおかげでよくなりました』と言われて、鼻を高くしているようなカウンセラーは未熟者だ」と教えられた。その言葉の裏には、クライエントに「自分の力でよくなった」と思ってもらえるような「黒子」の援助のできるカウンセラーこそが本物のカウンセラーだというプロ魂が隠されていたように思う。

クライエントや患者が「自分の力で乗り越えた」「自分の力で治した」と思えるのは、自分が天から与えられた生命の働き、自己回復力や自己治癒力に依拠してよくなることができたときであり、回復の過程でその実感が持てた時だ。それが可能になるような支援とは、あくまで当事者が主人公となるものである。

　むろん、カウンセラーや医者の援助もあって生命の働きが活性化するという意味では、「先生のおかげで」という感謝を素直に受け容れることに問題はない。しかし、「俺が治してやった」などと考える意識には、最大の働きをしたのはクライエントや患者自身の生命の働きであり、そのおかげでカウンセラーの自分もクライエントや患者がよくなるのを援助できたのだという謙虚さが欠けている。

　私の援助の究極のねらいは、「私はダメだ、ダメだ」という自己否定の悪夢から目を覚ましてもらうことにある。その悪夢から目を覚まさない限り、生命の働きは活性化されず、生命は輝かないからだ。だから、私はクライエントを揺さぶることがある。自己否定の悪夢から目覚めてもらうために、たとえば、なぜ「自分をダメだ」と決めつけるのか、どういうモノサシをあてたら「自分がダメだ」という結論になるのか？

　そのあなたが自分にあてているモノサシはどんなモノサシであり、どれほど確かな妥当性のあるモノサシなのかと問うことによって、揺さぶり、自分のダメだと決めつける心の正体に気づいてもらう手伝いをするのだ。

「私はダメだ、ダメだ」と自分を責め、貶《けな》し、否定する心を、ダメな自分を「あるがまま」に受け容れる心（「自分が自分であって大丈夫」という心）に変化させるにはどうすればいいか。それには宗教的な方法もあるだろう。しかし、ここでは私が今までとってきた違う方法のことを述べておこう。

まず、当事者に、自分のことを「ダメだ、ダメだ」と責め、貶し、否定している心に気づいてもらうのである。「ああ、私は自分のことをとても、責め、貶し、否定しているな」と気づくということだ。そして、そういう自分（の心）を「あるがまま」に受け容れるようにするのである。

それが今の自分なんだ、そういう否定的な心になるのは、そうなるわけがあるのだろうと、当事者がまずその自己否定の心を受け容れてやるのである。この時、決して、「自分を否定する自分（心）はダメなんだ」と頭から否定しないことが大事だ。「ああ、自分はこういう心で自分をダメだ、ダメだと否定していたのだ」とそれを受け止め、そして、謙虚に素直にそこから出発するのである。

自分のダメさをそのまま認め、受け容れることと、自分を「ダメなやつ」と否定することは全く違うことだ。前者は、ダメな自分をそのまま、これが今の自分なんだと「あるがまま」に受け容れ、認める。しかし後者は、「ダメな自分」を自分で貶すばかりで受け容れない。それが自分だとは認めたくない気持ちがどこかにあるのだ。

自分を誇示する人が、高慢な態度で自分をひけらかすことがあるが、自分で自分を貶すのはちょうどその裏返しのような行動である。自分の現状を受け容れず、「ダメ」な部分を変えることもせずに、他者の前で自分を卑下してみせているだけである。いわば、高慢ならぬ「卑下慢」であり、自分の現状に謙虚あるいは素直に向き合わないという点で、高慢と変わらない。自分を愛する心を見失っているともいえる。

「ダメな」な部分も含めてあるがままの自分を認め、そこから出発し努力できる人は、心が平和で、謙虚、素直なのだ。この謙虚さ、素直さこそが、事態を歪《ゆが》めないで、真っすぐあるがままに見ることを可能にする。

さて、ダメな部分も含め、あるがままの自分を受け容れたら、次に、当事者自身が、「なぜおまえはそんなに自分を責めるのかい？」と自分の「自己否定」の心に問うのである。そして自分の心と問答するのだ。そうすると「自己否定」の心からのメッセージが聞こえてくる。そのメッセージに耳を澄ます。カウンセリングはこの一連のプロセスを援助する。

人間という生命は、生命のはたらきを活性化する機能を本来的に備えているはずだ。その本来持っているはたらきが、愛あるいは慈悲なのだと私は考える。人間の本心も、愛あるいは慈悲の心だといっていいと思う。

愛するということは、かけがえのない存在として大切にする心である。その人のそばにいることがとてもうれしい、その人とともにいられることがとてもありがたい――そういう喜びと感謝の心が愛だ。「自分を愛する」とはどういうことかを知りたければ、「その人」を「自分」に置き換えればいい。自分をかけがえのない大切な存在だと思う、そして自分と共にいられる、つまり自分がこの自分であることがとてもうれしく、ありがたいと感じるということだ。

そのように自分を愛することができるとき、生命のはたらきが活性化し、輝く。「生命を大切にする」とは、そういうことだ。だから、「生命を大切にすることを教える」ということは、「自分を愛することを教える」ということである。

これは、口先だけで教えられるものではない。子どもに生命の大切さを教えてやりたければ、自分を愛することを教えてやることが必要だが、自分を愛することを教えてやりたければ、何よりも子どもを愛することが大事だ。それは「愛している」と言うことではない。子どもが元気に生きていてくれることを「かけがえのない大切なこと」だと思い、わが子のそばにいられる喜び、ありがたさを思って行動することである。

わかりやすく言うならば、「お母さんは、ぼくのそばにいることがとてもうれしいみたいだ」「お父さんは、私のそばにいてとてもうれしそうだ」と子どもが思うような親であることである。子どものそばにいることがうれしくてしょうがないという様子を親が示せば、何も言わなくても、子どもは自分が愛されていることを身体で感じ取る。

子どもの問題行動や親子関係に悩む親のカウンセリングも数多くしてきたが、感じるのは、親が自分の本心に目覚めるとき、前記のような子どもを愛する親になるということだ。親の本心は子どもへの愛だが、その本心が「世間体」や「比べ癖」という「垢《あか》」に覆われて、輝かなくなっていることが多い。

阪神・淡路大震災の後、その「垢」が落ちて、本心が露わになったお母さんがいたことを第2章で紹介した。そのようなカウンセリングをすることが私の願いである。競争原理の世の中を生きていく中で、心につけた「垢」。子どもを比べて駆り立てている「垢」。子どもを脅して焦らせる「垢」を剝ぎ落すのだ。

話を戻すと、「ダメ」な部分も含めて自分を受け容れ、そこから出発するということは、「ダメな自分でいい。あるがままの自分で大丈夫」という感覚、すなわち私がいう意味での自己肯定感を必要とする。すでに述べてきたように、自己肯定感は愛や思いやりに基づく他者との関係の中でふくらむものだ。

愛が生命のはたらきを活性化させることは、土台に自己肯定感があるから可能になるといえる。本当に自己肯定感のある人は格好つけようなどとは思わない。「ダメ」でもそれを卑下しないのである。一般に、格好つけようとする人ほど、自分を格好悪い、ダメだと思うようだが（格好の悪い自分が受け容れられない）、格好つけずに「あるがまま」で頑張ればいいのである。

子どもの「あるがまま」を受け容れてやるということは、子どもに「格好つけなくてもいい」という感触を味わわせてやることでもある。それができる親は、自分自身も格好つけずに「あるがまま」に生きている人だろう。

2　聴く力の大切さ

あるがままを受け止める聴き方

人の話を聴く、というのは本当に難しい行為だ。聴き方によって人を救うこともできれば、死なせてしまうこともありえる。

カウンセラーは人の話を聴く仕事で、一般の人から見ると、とてもつらい深刻な話をしばしば聴く仕事である。通常、私たちは、そういう話を聴くと、相手のつらさを吸い込んで、聴く側もつらくなったり、煩わしくなったり、不安にさせられたり、脅えたりすることがある。苦しみを訴え「死にたい」などと話す人の話を聴く時、一般の人は脅え、不安になるものだ。

だから、相手に耳を傾けて聴くことを恐れ、「そんなことを言うな」と聴くことを拒絶してみたり、相手が自殺したりしないよう説教したりすることもある。「どうして死にたいのか」と事情を知ろうとしたり、考えを変えさせようと、あれこれと意見を言い、説得したりする。

これは、「聴く側」が、まず自分の怯えや恐れから自分の身を守ろうとする行動といえる。その気持ちはよくわかるが、私から見ると、聴く側の恐れにもとづくこうした対応は、相手の問題をあるがままに受けとめることを妨げるという問題がある。

心理カウンセラーは、どんなに深刻な話であろうと、相手の問題を「あるがままに受け止める」聴き方ができなければならない。それは日常の相談において聴く側が見せる聴き方とはかなり違う。あれこれ説教をしたり、助言や忠告をしたりする聴き方とは違うのだ。

通常、私たちは人の話を聴く時、頭の中でいろいろと考えたり、心でさまざまな気持ちを経験したりする。カウンセラーとしてクライエントの話を聴く時もそれは同じである。たとえば、問題を抱えた子どもの母親から話を聴く時にも、いろいろ感じ、考える。

母親であるクライエントから、子どもとのやりとりの話を聴きながら、「ああその一言は余計だよ」「どうしてそう先回りして、何か言おうとするの」「それだったら子どもは嫌気がさすよ。聞いている私だって嫌だもの」などといろいろな思いが浮かんでくる時もある。

そういう思いがあれこれ生じると、ピッタリと相手の気持ちに寄りそう聴き方が困難になる。頭や心に浮かんだことをそのまま母親に言い、説教や助言、忠告をしてしまいそうになるのだ。しかも、「相談」とはそういうものだと思っている母親は、そういう対応をも違和感なく受け止めることが少なくない。

相談者にとっては、「専門家」から助言や忠告を受けることはあたりまえのことであり、「ありがたい」ことでさえあるからだ。相談者の側がそうだから、カウンセラーの側もまずいことをやっているという自覚なしに、そうしている場合もあったりする。しかしそれは、相手の気持ちに耳を澄まして話を聴くという聴き方ではない。

相手の気持ちに寄りそう聴き方をするためには、こちらの気持ちや考えがいろいろ浮かんで私の心を占めるのは、そのじゃまになるだけだ。その分、相手の気持ちを受け容れる余地が少なくなってしまうし、相手の話に耳を傾けることに集中できなくなる。

私の場合、母親の話を聴く時にそういう困難を覚えることが少なくなかった。母親の話の向こう側に、もう一人、「問題」を抱える子どもの姿が見えるからだ。こういうことは、子どもと身近に接している学校の教師などであれば、同じように起こることだろう。どうしても子どもの立場に立って、母親を見てしまいがちになる。

母親の言動を子どもがどう感じ、どういう影響を子どもに与えているかが気になったりする。すると、目の前にいる母親、クライエントであり悩んでいる本人が、どういう気持ちでいるのか、子どもや家族との間に何が起きているのか、現象や状態の背後に何があったのかといったことを、寄り添って聴き取ることができなくなるのだ。

あるお母さんのカウンセリングから

仕事を辞めて休職している若者が、昔の職場の同僚の結婚が決まり、内祝いの場を持つから参加するように誘われたが、順調に結婚にこぎ着けた元同僚がうらやましくもあるし、そうなれない自分が腹立たしいという気持ちや仕事に就けない自分の惨めさや焦りがある、ということを母親に吐露した。母親のカウンセリングで、その話を聴いた。

この息子さんは、働きたいという仕事願望が以前にもまして高まっている。以前の仕事を辞めた時は、本当にしんどく、辞めざるを得なかった。しかしその時点で仕事を持っていない後ろめたさを抱え、仕事のことが頭から離れなくなった。仕事のつらさからは解放されたが、今度は仕事から離れてしまったという後悔が心をさいなむのだ。

お母さんは、「その話に及んだときには言葉が出ない。どう答えたらいいのかわからなくって。しばらく彼の様子を見ながら、いろいろ頭のなかで考えを巡らしていた……」という。そういう話をどのように聴けばよいのかわからなくて、なかなか言葉が出てこなかったというのだ。

〈聴き方がわからなかった?〉

「はい」

〈聴き方がわからないというのはどういうことなのですか? 何かこちらから言ってあげないといけないという気持ちになるのですか?〉

「とにかく黙って聴こうと思うのだけど……。一所懸命に『息子の気持ちはこうなんだろう、ああなんだろう』という思いを巡らしながら聴いているのだけど、何か返してやらないと聴いてもらっているという実感が相手に伝わらないのではないか。そういう不安が出てくる」

〈しっかり聴いているよという手応えを息子さんに返さないと、そう思ってもらえないのでは

ないかと不安なんですね。一所懸命あなたの気持ちを聴いているのよと、息子さんにわかってもらいたいのですね〉

「息子も『俺の気持ちがわかるか?!』という感じで話しているわけで、こっちは『そうやなあ』という感じで、本当にそうだと思うからそう返すのだけど、『ふつうの生活をして、俺のようなことを経験してない者に今の俺の気持ちなんてわかるか』と言われる。言われても当然だと思う。ある程度の想像はできても、ピッタリと彼の気持ちをとらえることは不可能だ。だから、ある程度『わかる』というメッセージを伝えようと思うのだけど、その言葉が出てこない」

〈息子さんの気持ちは十分にはわからないけれど、『一所懸命わかろうとして聴いているよ』ということを息子さんに伝えて息子さんにわかってもらいたい。それがあなたの気持ちですね〉

「はい。いまおっしゃった言葉をそのまま言ったこともあるのだけれど、彼にとってはどうなのか、そのあたりはつかめない……」

このクライエントの気持ちはとてもよくわかる。多くの親が似たような場面で、同じような戸惑いやつらさを感じつつ子どもと向き合ったことがあるだろうなとも思う。親は、肉親として、子どもを放っておけない立場にある。その分、「何とかしたい」という気持ちも強くなる。子どもが苦しむ姿を、冷静な気持ちで見ていられないのだ。

とりわけ母親はそうだろう。子どもから苦しみやつらさをぶつけられたときに、自分の心がつらくなり、心が脅かされたり不安になったりする度合いが強いと思われる。子どもを楽にしてやりたい、何とかしたい、どう話を聴き、どう受け答えをしてやればいいのか迷い、悩む度合いも強いだろう。肉親の絆《きずな》の強さの表れでもあるのだろうが、それが、「無心に耳を傾けること」を妨げるということも事実である。

母親は、何とか子どもを楽にさせたくて、「ボランティアをしたりして、そこで身体や心をほぐしながら就職を考えるという手もあるのだよ」などと口にしたりする。それが、「まだそんなことを言うのか！」と息子さんを怒らせる。

そんな息子さんとのやりとりと母親の言葉を聴きながら、「どうも息子の認識やとらわれを正そうとしてあれこれ言っているなあ。弁解したり、説得したりするところが見られるなあ」とカウンセラーは心の中でつぶやく。

そのつぶやきは、このお母さんが息子さんの話を聴きながら、心の中でつぶやく言葉とどれほどの違いがあるだろうか。彼女は、息子さんの言葉を聴くことに集中できず、ぴったりと寄り添えていないのだ。何とか相手を変えたいという思い（それは相手のことを思い、楽にしてやりたい、問題の解決を助けてやりたいという思いから）が、そうさせているのだ。

お母さん自身が「余計な一言」と自認する一言を息子さんに言ってしまったことをふり返って、「息子よりも私がつらいので、その一言が出てしまった。つらくって、切なくって、やるせなくって……」と言った。この場合、カウンセラーは「余計な一言」を言ってしまうお母さんの言動を正そうとしてとやかく言うのではなく、本来、「つらくって」「切なくって」「やるせなくって」というそのお母さんの感じる心にピッタリと寄り添い、その感情に深く耳を傾けることができなければならない。ただ、なかなかそれがうまくできないこともある。恥ずかしながら、私も、何度もその種のことをやり損なってしまったことがある。

人間性の深さを問われる

もう少しこのお母さんのカウンセリングの紹介を続けよう。

「私もどういうふうに『ボール』を受け取って投げ返したらいいのか、それがわからなくて……。やっと投げ返したら『そんな簡単に言わないでくれ』と言われたりする。その通りだと思う。『お前の言うようなそんな重さと違うのだ』と息子は言いたいのだろう。それはようわかる。でも返す言葉が見つからない」

〈相手の気持ちの重さをしっかりと受け止めた言葉が見つからない。相手の気持ちの重みを受けとめた聴き方をするというのはとても難しいですよね〉

「そうです。でも、今はそれが一番大事なことで、それしか親にはできない。受け止めることはしているつもりだけど、それを相手の気持ちに沿う言葉で返すことがすごく難しい」

〈こうなのねと、相手の気持ちをぴたっと言い表すような言葉を返すことが難しいということ

ですね〉

「はい。それと、これまでにそういうキャッチボールができてないから、『そうなのね』で通じるような関係ができてない。そういう関係をこれからつくっていかなければならないような状態にあるわけで、そうするとなかなか難しい。昨日本当に感じたのは、自分の人間性を問われているということ。本当に浅い人間だなあとつくづく思う。本当に深みのある言葉を言えるような人間に成長できればいいのですけど。なかなかなれない。つけ焼き刃ではできない」

〈自分の人間性自体が問われている気がするのですね。深いところでつながっている関係をつくれるような人間性、人間らしさが欠けていることを、つくづく感じられた〉

「息子にしごかれている感じですね」

〈どれだけ人間をちゃんとやっているのかと、しごかれている感じ〉

「あんたがそんな人間だから、こっちは苦労しているのだと言われているような。息子が実際にそういうことを言ったわけではないけれど、私がそう感じている。実際に言葉でそう言われても仕方がないなあと思う。何とも言えない気持ちになった」

〈修行ですねえ〉

「(笑)今、話を聞いて頂いてちょっとホッとしました。昨日のそういう状態に対して落ちこむということはないのだけど、自分自身の力のなさに落ちこみます」

こんなやりとりを経験すると、カウンセラーの私そのものも問われている気持ちになる。私は、このお母さんに、どれほど彼女の気持ちにピッタリの言葉を返すことができているのだろうか。偉そうに助言する前に、どれほど無心になって相手の話に耳を傾けることができているのだろうか——内心、忸怩《じくじ》たる気持ちになることがある。私自身が、クライエントを相手に、聴く力と人間性を磨く修行をさせてもらっているような気持ちにもなる。

「アクティブ・リスニング」

鈴木秀子さんは、人を癒《いや》す力を持つ「アクティブ・リスニング」について、ドイツ人の神父さんから聞いた興味深い話を紹介している（『愛と癒しのコミュニオン』文春新書、一九九九年）。要約すると次のような話である。

彼女の知り合いの神父さんが、少年時代、自分の成績のことで悩んだとき、傍にいた犬を抱きしめながら苦しい思いを語り始めた。犬はひたすら「世の中にこの少年しかいない」という目で見つめ、全神経を集中してじっと聴いている。少年は胸のうちのありったけを話し続けた。そうしているうちに、何か胸がすうっとしてモヤモヤが晴れてくるのだった。それは、霧が晴れて突然、美しい湖面が全貌を現すような感じで、モヤモヤした霧が跡形もなく消えて一瞬前とまったく違った風景が眼前に拡がるようであった。少年は、犬に心のうちをすっかり聴いてもらうと、ちょうど晴れた湖のかたわらに立ち、湖の静けさに包まれているような感じを味わった。

そして、今度こそがんばろうと、明るく家路についた。

「世の中にこの少年しかいない」かのようにじっと見つめて耳を傾ける犬のありさまは、この世の中でいちばん大事な存在として少年を扱ってくれている存在そのものだったのだろう。「神さまは自分をこういうふうに見ていてくださる」という、それは少年にとっての「神体験」だった。少年は「自分と同じように悩んでいる人に、神さまがこんなに愛してくれていることを伝えるのが自分の使命ではないか」と思ったという。

その神父さんは、こう言っている。

「あの時、自分の犬が全身全霊を傾けて聞いてくれ、苦しんでいる私と共にいてくれました。その犬に自分の気持ちを全部話してしまうと、不思議と、自分は自分であっていいと思えるようになり、気持ちが楽になったのです」

「勉強ができなくて悔しいのが自分だ、お母さんに成績表や先生からの手紙を渡さなければならないことを悲しんでいるのが自分だ、お父さんに叱られるのが怖い、それが自分だ、兄さんと比べられるといじけてしまう、それが自分だと、私はいつもは嫌いな自分をも、その時、何だかいとおしく受け入れられたのでした」

「愛とは全身全霊を傾けて聞くこと、受け入れることに尽きる、つまりその人と共に一致して存在すること、それが愛」

私は、ここに、私の提唱する自己肯定感――「自分が自分であって大丈夫」という感覚が語られていることに驚いた。私はこの話がとてもよくわかる。カウンセラーである私も、この犬のような聴き方を実現したいと思っている。

こんな話を読むと、下手なカウンセラーよりも、犬の方がはるかにすぐれたカウンセラーであるということをつくづく思い知らされる。私もまた少年時代から犬を飼っていたし、彼らが私の話しかけに対し、じっとこちらの目を見て全身全霊で耳を傾けてくれるような経験をしてきた。

犬は人間と言葉でやりとりすることができないから、それ以外の飼い主の息づかいや声の調子、まなざしやそぶりなど、ノンバーバルな印象を一つとして漏らすことなくとらえ、相手が伝えようとしていることを理解しようと健気な努力をしているのかもしれない。飼い主の語る様子に注意を集中し、そこから何かを感じ取ろうとして、それこそ全身全霊を傾けているのかもしれない。まさに、「世の中にこの少年しかいない」かのように。

鈴木さんはこう言っている。「傾聴してくれる相手に話すとき、自分の内面の見えなかった根の部分にまで光を当て、いままで出なかった知恵をくみ出していくことができるのだ。これはまさに『批判しない』『同情しない』『教えようとしない』『評価しない』『ほめようとしない』アクティブ・リスニングである」と。

神父さんが少年時代、この犬に全身全霊を傾けて話を聴いてもらえたときに、「自分が自分であっていい」と感じたことは、自己肯定感が何によってもたらされるかをよく表している。「勉強ができなくて悔しい自分」「お父さんに叱れるのが怖い自分」「お兄さんと比べられていじけてしまう自分」……そういう自分を、何だかいとおしく受け容れられたのだろう。

彼は自分の気持ちを、全身全霊を傾けて聴いてくれる犬にすべて吐露することによって、しみじみと自分の真情に触れることができ、その真情をとても大切なもの、いとおしいものとして受け取ることができた。正直に自分を語り、それをそのまま、真剣に受け止めてもらえたら、素直にそういう自分に寄り添い、自分を自分としていとおしく感じられる――それが、自分が自分とともにあるということであり、「自分を愛する」ということなのだ。

聴くことが難しいのは……

しかし、私たちは日常、こういう話の聴き方をしていない。そういう話の聴き方に出会うこともないだろう。近代化し、個人化した社会では、自己を確立し自己を主張できることが望ましいとされ、主体性をもって生きていくためには、相手の話に対しても自分なりの評価や判断、批判ができることが望ましく、とりわけ知的な人間はそうでなければならないかのような雰囲気がある。

そういう社会では、自分の判断や評価・批判をせずに、無心に相手の話に耳を傾けるという聴き方は、自分の主体性を失うようで耐えられないし、不安にさえなるのではないか。まして、議論で相手を打ち負かすことにとらわれるような人は、こういう聴き方はまずできないだろう。相手の話に反応して内面にはいろんな声がブツブツと鳴り響き、とても黙って耳を傾けることなどできないのではないか。

私自身も、わが身をふり返って、それがよくわかる。そういう人間が、聴くことが「命」であるカウンセラーをしているのだから、どれほど修行をしないとカウンセラーが勤まらないかということは身にしみてよくわかる。

さらに、一般に、企業人・会社人の男性、とりわけ権力者や権力志向の人は、人の話の聴き方が下手だといっていい。とりわけ、人の内面の話を聴く作法がまったく身についていない人が多い。自分自身も自分の内面の話などまずしたことがなく慣れていないのかもしれない。もちろん、そういう訓練を受けていない人が多い。人の話を聴く場面でどうふるまえばいいのか、どう応答すればいいのかわかっていない人が少なくないという印象を持っている。

先ほどのクライエントとは別の、あるお母さんの話だが、ひきこもっている息子さんと向きあって、夫と二人で話を聴かないといけない場面があった。息子さんの話に夫はまったく反応しない。生活費のことになると、「そんなこと心配しなくてもいい」とは言うが、そのほかは、うなずきもせず、まったく反応しないという。

二人一緒に「そうかそうか」という感じで話を聴けば、ゆったりと耳を傾けてやれるのに、片方が無反応だから「お母さんは聴いているよ！」ということを一所懸命伝えないといけないと感じたそうである。そうしないとしゃべっている息子さんには、しっかり聴いてもらっているという実感が持てないだろうと思ったという。要旨、次のように話した。

のれんに腕押しの感じがするのではないか。夫婦間で話をしていてもずっとそう。私が話していても、新聞見たら新聞を見たまま、何の反応もしない。私自身が「聴いてくれているの？」というと、「聴いているよ！」という。「聴いているのだったら。『ふんふん』とか、『そうか』ぐらい言ってよ」と言うのだけど、「そんなこと言わなくても聴いている！」という。でも私にとっては何も反応がないから、聴いてもらっているという感じが持てないときがあった。だから息子も「俺はしゃべっているのだぞ！　そうしたらなにか反応しろよ！」という気分だろうと思う。だから、私の方が焦って余計な言葉がでてしまう。夫も聴いたことを頭の中でいろいろ反芻したり考えたりしているのでしょうけど……。

心理カウンセラーである私のまえに相談に来るのは、大抵お母さんだ。お父さんは、仕事が忙しいといって来ないことが多い。私はまず来談したお母さんの労をねぎらう。そうすると、大抵のお母さんの目に涙が浮かぶ。あるお母さんはおっしゃる。

「先生、私ねえ、子どもが不登校になってから、近所を歩けなくなりました」

〈どうしてですか?〉

「〝私は子どもを不登校にしてしまったダメな母親です〟という貼り紙を背中に背負って歩いているような気持ちになりますから……」


登校拒否の子どものお母さんの中には、そんな気持ちにまで追い込まれる方も少なくない。私はただひたすら、そんなお母さんの話に耳を傾けてお聴きする。お母さんは「この子を殺して私も死のうかと思いました」とか、他人には言えない、つらい気持ち、怒り、悲しさ……を吐きだす。そうやって、まずお母さんの心が平らかで和やかになるようにお手伝いする。

そうするとあるお母さんは言った。


「ここで自分のつらくてしんどい気持ちを洗いざらい吐き出して、それをしっかりと聴いて受け止めてくださる。そうすると、心が軽くなるのです。そのことを実際に経験して気づいたことがあります」

〈何に気づかれたのですか?〉

「ここで話を聴いていただいて、心が軽くなって家に帰ると子どもを丸ごと受け容れられるのです。子どもを落ち着いて見てやれるのです。私自身がそのことを経験して気づいたのです。ここで私が話を聴いていただいたように、私が子どもの気持ちを聴いてやらないといけない。それなのに、私は自分の不安や焦りを子どもにぶつけるばかりで、子どもの気持ちに耳を傾けてやれていませんでした。それでは、子どもの気持ちも落ちつきませんよね」

あるお母さんの自己肯定感のめざめ

次にカウンセリングの中で、自己肯定感に目覚めた、あるお母さんとのカウンセリングでのやりとりの一部を紹介する。

「カウンセリングを受けて〝迷惑かけてもいい〟〝自分の弱いとこ出してもいい〟と思えるようになりました」

〈お母さん自身が〝あるがままの自分〟を大事にしてやれてなかった？〉

「息子からいろいろ教えられた。自分の生き方まで変えられてしまった。息子が登校拒否になってよかったなあと思う」「子どもの話を〝うん、うん〟と聴いてやることがその子の人格を大切にすることなのに、息子に対してはできてなかったと思う」「生活リズムを整えたり、食事のことを気にかけたりしても、一番大切なところで息子を一個の人格として扱っていなかったのではないか」

「息子を分身として扱って、自分の都合を押しつけて、そのことに疑問を感じてなかった」「なぜ〝分身扱い〟をして粗末にしていたのか？　私自身が自分を大事にしていなかったから、その私につながる分身を大事にしていなかった」

「私自身が小さいときから、〝素直〟や〝いい子〟やと言われ、家族が喜ぶことをしていた。私自身が喜ぶことよりも。人に迷惑かけたらいけないとか、できるだけ自分で頑張る、自分でやらねばならないという価値観がいつの間にか身について……」「自分がしんどいときにも他人に〝助けて〟と言えない。そういうことは人に迷惑をかけることになるかもしれないから、したらいけないと……（涙）」

〈人に助けを求めることは人に迷惑をかけることだという価値観を持っておられた？〉

「自分を助けてもらうことは甘えだとか、わがままであるというそういう価値観がいつの間にか……大変な時にも夫に助けてと言ってこなかったなあ」「三人の子ども抱えて髪振り乱してという感じでやってきた。息子の大事な時に夫にももっと手伝ってほしいとか言ってこなかった」

「〝子育てとか家事は私がせなあかん、そういうことはみんなやっていることやから〟……とか、夫から〝僕なんかやっている方や〟と言われるとそれ以上に言えない」「トラブルになったらいやだから……解放された時間を楽しむこともなく、早く帰らないといけない、という気持ちがあった」

「息子が〝こういう家族とかこういう生活は嫌だ〟ということを教えてくれたのだと思う」

「『今学校に行かなかったらどうなる？』と、そんなことばかり気にして、教育相談室に行っても課題を持って帰り、それを子どもにやらせることが仕事になっていた」

「〝これ、これ、できるようにならないとあかん〟とそれでますます疲れ、子どもの気持ちも離れていくし……〝他人に迷惑かけたらあかん〟とか考えていたらどうもならん、私一人の力ではどうしようもないと思うようになって……」

「ここに来て話しているうちに、自分自身のことをいろいろ考えるようになってきて、うまく言葉で表現できないときには文書に書いて、夫に渡して……」

「〝息子もこんなふうにわかってもらいたかったのだろうな〟と思うようになって。私も〝自分自身をもっと表現してもいいや〟という気持ちにやっとたどり着いて……今までの私の価値観を崩さないといけないと思ったときに〝ビルがガラガラと音を立てて崩れる〟そんなイメージが浮かんだ」

「この間、先生とお話ししていて、〝緑の苗〟が地面に根をおろすイメージが浮かんだ。すごく嬉しかった。〝私という人間が地に足をつけられた〟のかなあと、あーっと思った」

「前回、対立場面になるとガタガタとなってすくんでしまい。頭が真っ白になってしまう。これではいけないと思うという話をしたときに、〝それが自分だから、そうなる自分を受け容れてあげたら〟と先生がおっしゃってくれた。〝ああ、またこうなっていると、自分を受け容れてあげたら〟とおっしゃってくれた。そのときにすごく気持ちが楽になって、そういうイメージが浮かんだ」

「〝周りに気を遣って頑張ってきて、それでも自分にはいつも、まだがんばらなあかんとはっぱをかけてきて、そういう自分をいとおしいとは思いませんか〞〝ようおまえも頑張ってきたなあ、よしよし〞と自分に〝よしよし、してやらんかったら、誰がしてくれるんですか〞と先生がおっしゃってくれて（お母さんはポロポロ涙を流す）そのときにそういうイメージが一瞬浮かんできた」

「〝他人に迷惑かけたらあかんとか、きちんとせなあかん〞とか思ってきたが、今は〝迷惑かけてもいいやン、自分の弱いところ出してもいいやン〞と思えるようになった。自立というのは助けてほしいときに助けてと言えることやと思うようになった。そうしたら何とか生きていけるものや、と思えてきて……本当に息子が登校拒否してくれなかったら、そんなことに気づかないまま、ほんとうの自分でない自分をずーっと生き続けていたのかなあと……登校拒否という形で、今のままでは嫌なんだということを表現してくれるほどにはエネルギーを息子が持っていてくれてよかったと思う。またそのぐらいしてくれないと、私の方も気づかなかった。先生に以前、蛍光灯やといわれたことありますけど（笑）」

おわりに――今日の「監視」技術・「選別」技術との関連で

本書の「はじめに」において、私は次のように述べた。「心理療法としての心理カウンセリングの目的は、クライエントに『癒《いや》し』を提供することにある。癒し（ヒーリングhealing）という言葉はホールネス（wholeness）を語源にしており、心身の全体性（丸ごと）を回復することを意味する。部分化した存在に調和のとれた全体性を取り戻すことだ。私たちは、調和のとれた『あるがまま』の自分、丸ごとの自分と共に生きているか？　それを置き去りにしていないか？　今、そのことが問われているように思う」。

そして、本書において、私は「あるがまま」の自分を丸ごと尊重し、愛することを強調し、それを「自分が自分であって大丈夫」という自己肯定感の大切さとして語ってきた。だが、そういう考えを無視し、消し去ってしまう社会的な状況が広がりつつあることに関連して、子どもや若者たちの行く末に危惧《きぐ》を覚える。最後にその問題に触れておきたい。

本書で何度も繰り返し述べてきたように、「自分が自分であって大丈夫」「自分が自分であることを尊重される」とは、自分の全体性・丸ごとを尊重されるということだ。全体性・丸ごとが部分に分解され再構成される諸特徴の「集まり」と同一視されないことだ。「全体性」や「丸ごと」は

「単なる部分の寄せ集め」ではない。

その区別は個人が諸特徴に分解され、その寄せ集めの情報として扱われる現代では殊のほか重要だと思う。その特徴的な例が、交際相手紹介業者が用いる手法だ。身長、体型、趣味、仕事、年収……など顧客の述べる項目に従って、望ましい相手を選別する。顧客は自分の求める望ましい特徴をもつ相手の像を構成できる。

そのような情報の提供を受けることによって、これからの人生を共に生きる伴侶に出会い、共に生きる幸せを得ることができる人たちもいることだろう。そのことまで否定するつもりはない。だが、そういう状況が何らの疑問もなく無批判に拡がっていくことには、やはり心配な面もある。婚活に参加したある四一歳の男性は、「年収でまずはじかれる。そのことでネガティブな感情を受けたくない」と言っていた。その人の丸ごと全体が部分的な要素に解体され、その要素によってはじかれてしまう。そのような要素項目の条件によって、つきあう、つきあわないが決められる関係性がはびこりだしている。まるで、人が商品のように扱われている。

人の情報が部分的な要素に解体する過程で、分割不能な人格の「持ち味」が失われる。一人の人間が、商品のようにその部分的諸特徴によって選ばれる扱いを受ける時、道徳的な判断が必要な人格でなくなり、単なるモノや道具に陥ってしまうことにならないか。

今、この情報化社会の中、自分の知らないところで個人がいろんな部分的な項目に分けられ、情報化されて扱われることが当たり前になっている。社会制度上もそれを促すような改革が進んでいる。数年前に個人情報保護法が「改正」され、個人情報が匿名に加工されるなどすれば、それを本人の同意がなくても第三者に提供することが可能になったのだ。そのもとで、ある政府系金融機関が民間の銀行に対し、年収・家族構成・職業・郵便番号など、一一八万人分にも上る個人情報が、住宅在宅ローンのＡＩ（人工知能）審査モデルの構築のためと称して、本人の同意なく提供されていたことがわかっている。匿名加工されたとはいえ、個人が特定されかねない情報である。

あるいは、インターネット上の有名な就職情報サイトが、同サイトを利用して就職活動をしている学生たちの内定辞退の可能性をＡＩで予測し、学生に説明のないまま民間企業に販売していたという事件もあった。就活生にとっては、採用・不採用の判定に関わりかねない個人情報が、勝手につくられて採用側に渡されていたことになる。

個人の人格が情報として断片化され、再構成されたその個人の像が、顧客や「人材」としての選別に利用されることが現に起きている社会に、すでになっているのである。個人情報が、個人の同意抜きで集められ、管理され、利用される場合があるとすれば、それは「情報を持つ側」が個人を監視する危うさにもつながるだろう。人格が部分化・断片化され、その内容によって個人を監視することが、社会にとっていかに危険なことか、この国は第二次世界大戦前・戦中に、すでに経験している。「国策」に批判的な思想を探し出し、そういう思想を持つ個人を排除し、あるいは同化を迫った社会が、いかに悲惨な事態を招くか――私たちの親や祖父母の時代が教えることである。

あるいは、それは倫理的な問題もはらんでいる。「デザイナーベビー」という言葉を聞いたことのある読者もいるだろう。遺伝的疾病を回避するために、人間の受精卵の段階で遺伝子操作を行うものとして研究され、具体的事例やそれと関連する事業も存在するが、生命倫理という観点から深刻な問題があるといわねばならない。

科学や技術の発展が、時に、私たちの倫理的な想像力を超えてしまう場合があることは、核兵器のような大量破壊兵器の開発・製造の例を見れば明らかだが、今日、それは、人間存在それ自体の人為的な操作という問題にまで及んでいるのである。ある目的のために手段をつくり出すのではなく、人類が手にした手段（科学・技術）によって、目的を決めるようになったことの一つの帰結のようにも見える。

話を戻そう。こうした社会に生きている私たちは、すでに、人間を部分に分け、個人をその寄せ集めとして見る習慣に陥っている恐れがある。部分的な項目に分解された人間の特徴（情報）を扱うときに、その目的が何であれ、対象となる人の人間性は薄まってしまうのではないか。一つひとつのチエック項目に表される諸特徴を全部寄せ集めても、その個人のかけがえのない人間性、全体としての人格を表現することはできない。

私たちの人間性は、フェイス・トゥ・フェイスの中で他者への応答可能性、応答責任を認めた時にのみ発現されるように思う。その関係性を引き裂き、情報のみが独り歩きして、その人間を特定したり、選別したりするための手段になるとき、それは人間を道具的に扱うことになる。

今日の科学・技術が、個人を個人として尊重することと相反する場合がありうるのだということを、私たちは、自覚しておく必要がある。すでに何度か言及したように、日本国憲法は個人の尊重を第一三条で規定し、これがともかくも戦後日本社会の構成原理の基本となり、そうした社会の中でこそ、科学・技術も発展してきたのは確かなことである。今、その中から、日本国憲法一三条を脅かしかねない事態が、科学・技術の面でも、社会制度の面でも生じてきていることを、私たちは知っておく必要がある。憲法一三条が示したような社会の構成原理が、現実の社会生活で必ずしも貫徹されず、本書で述べてきたようなさまざまな形で、それが傷つけられてきたという経緯もその背景にはあるだろう。

「自分が自分でなくなる」ことを強いられるような状況が、容易に、しかもきわめて事務的・機械的に私たちの前に現れるのである。こんな道を進めば、宇宙内存在としての人間は存在できなくなっていく恐れがないとはいえない。現在の子どもや若者たちは、そのような問いから逃れられない時代を生きているのである。本書は、「悩む心に寄り添う」という立場から自己肯定感について述べてきたが、同じ立場から、人間社会の現在地に対して冷静な目で把握し、場合によっては行動することが必要であると考える。

＊

終わりに、私の敬愛する詩人、吉野弘さんの詩を紹介し、本書の結びとしたい。

奈々子に

赤い林檎の頰をして
眠っている　奈々子。

お前のお母さんの頰の赤さは
そっくり
奈々子の頰にいってしまって
ひところのお母さんの
つややかな頰は少し青ざめた
お父さんにも　ちょっと
酸っぱい思いがふえた。

唐突だが
奈々子
お父さんは　お前に
多くを期待しないだろう。
ひとが

ほかからの期待に応えようとして
どんなに
自分を駄目にしてしまうか
お父さんは　はっきり
知ってしまったから。

お父さんが
お前にあげたいものは
健康と
自分を愛する心だ。

ひとが
ひとでなくなるのは
自分を愛することをやめるときだ。
自分を愛することをやめるとき
ひとは

他人を愛することをやめ
世界を見失ってしまう。

自分があるとき
他人があり
世界がある。

お父さんにも
お母さんにも
酸っぱい苦労がふえた。
苦労は
今は
お前にあげられない。

お前にあげたいものは
香りのよい健康と
かちとるにむづかしく

はぐくむにむづかしい
自分を愛する心だ

私はこの詩を、この詩が大好きだという登校拒否の子どもから教えてもらった。当時、私の娘は一〇歳だったが、この詩にうたわれた父親の心は、そっくり私の心でもあった。周囲からの期待によって、自分自身の生を奪われてはならない。いのちを授かった者のいちばん大事な使命は、自分を生きること。いのちの炎を受け継いだこの自分を生きること。それが一番大事なことだ。いのちは何のためにお前に受け継がれたのか、それはお前しか経験させてやれないことを、いのちに経験させてあげるためだ。

お前がお前であること。それ以外にいのちはお前に望まないだろう。お父さんも望まない。「ふつう」とか「世間並み」とか「よい子」とか、そんな狭い囲いの中に大事なお前を囲い込むことがお父さんのお前への愛だとはまったく思わない。お前が死ぬときに「私の人生は私の人生だったと思って死ねるように。私のいのちは私を生きることで、私の人生から大きなお土産をもらった」と思えるように生きればよい。「大きないのち」がお前を生きているのだから。

高垣忠一郎（たかがき・ちゅういちろう）
心理臨床家。1944 年高知県生まれ。1968 年京都大学教育学部卒業。専攻は臨床心理学。京都大学助手、大阪電気通信大学教授、立命館大学大学院教授などを歴任（2014 年３月退職）。登校拒否・不登校問題全国連絡会世話人代表。
主な著書に、『生きることと自己肯定感』『競争社会に向き合う自己肯定感』『揺れつ戻りつ思春期の峠』『登校拒否を生きる』『生きづらい時代と自己肯定感』『つい「がんばりすぎてしまう」あなたへ』『自己肯定感を抱きしめて』（いずれも新日本出版社）、『自己肯定感って、なんやろう？』（かもがわ出版）、『癌を抱えてガンガーへ』（三学出版）など。

悩《なや》む心《こころ》に寄《よ》り添《そ》う——自己否定感《じこひていかん》と自己肯定感《じここうていかん》

2021 年 8 月 25 日　初　版

著　者　　高　垣　忠一郎
発行者　　田　所　　稔

郵便番号　151-0051　東京都渋谷区千駄ヶ谷 4-25-6
発行所　株式会社　新日本出版社
電話　03（3423）8402（営業）
03（3423）9323（編集）
info@shinnihon-net.co.jp
www.shinnihon-net.co.jp
振替番号　00130-0-13681

印刷　享有堂印刷所　　製本　小泉製本

落丁・乱丁がありましたらおとりかえいたします。

JASRAC 出 2105834-101
ISBN978-4-406-06619-8 C0037　Printed in Japan

高垣忠一郎の本

『**自己肯定感を抱きしめて**　命はかくも愛おしい』

「自分が自分であって大丈夫」という感覚を浮き立たせてくれるフォトエッセイ。

Ａ５判九六ページ、本体価格一五〇〇円

『**つい「がんばりすぎてしまう」あなたへ**　自分のこころを見つめなおすために』

カウンセリングで出会った多くの「がんばり屋さん」の姿から、心の問題を考えます。

四六判二四〇ページ、本体価格一七〇〇円

『**生きづらい時代と自己肯定感**　「自分が自分であって大丈夫」って？』

ナショナリズムやＳＮＳ依存など社会現象との関連も含め、自己肯定感について解明。

四六判二二四ページ、本体価格一六〇〇円